绝对梦想

——中国当代中学生口述实录

JUEDUI MENGXIANG

◎ 李学敬 / 著

人生，再也没有哪个时期可以如此单纯地、坚决地、几近固执却又饱含希冀地向着梦想无限靠近……

天津出版传媒集团
天津教育出版社
TIANJIN EDUCATION PRESS

图书在版编目(CIP)数据

绝对梦想——中国当代中学生口述实录 / 李学敬著.
—— 天津:天津教育出版社,2013.11
ISBN 978-7-5309-7340-0

Ⅰ.①青… Ⅱ.①李… Ⅲ.①中学生—健康教育
Ⅳ.①G479

中国版本图书馆 CIP 数据核字(2013)第 288177 号

绝对梦想——中国当代中学生口述实录

出 版 人	胡振泰
作　　者	李学敬
选题策划	袁　颖
责任编辑	王艳超
装帧设计	郭亚非
出版发行	天津出版传媒集团 天津教育出版社(www.tjeph.com.cn) 天津市和平区西康路 35 号 邮政编码 300051
经　　销	新华书店
印　　刷	唐山天意印刷有限责任公司
版　　次	2014 年 1 月第 1 版
印　　次	2014 年 1 月第 1 次印刷
规　　格	16 开(787 毫米×1092 毫米)
字　　数	150 千字
印　　张	16
定　　价	25.00 元

Contents

目录

每个孩子都有自己的梦想
如同越冬的种子静卧于严寒之中
经历苦楚磨砺
等待绽放出无限生机

人的成长总要在有了经历以后才真正开始，而梦想，就在这些经历中慢慢绽放。

倾诉时间：2009 年 1 月 3 日

倾诉人物：李斯本

倾诉地点：天津市河西区友谊路某咖啡店

李斯本活泼好动，既有孩子的鬼灵精怪，又有一种说不出的老成。他从小学钢琴、打篮球、参加奥数竞赛，过着衣食无忧的生活。两年前，他听从父亲的安排，终止了在国内的初中学习，赴加拿大求学，那时他 15 岁。两年后再见到他时，我的直观印象是他瘦了，个头儿高了，人懂事了许多。在咖啡店一个安静的角落，他和我谈起了在国外求学的经历和感受。从国外教育到父母的辛苦付出，再到自己内心的体会和对未来的打算，他一一道来，显然经过了充分的准备。我看着他，觉得他跟当初我印象中那个顽皮、稚嫩的孩子已经有了天壤之别。人的成长总要在有了经历以后才真正开始，而梦想，就在这些经历中慢慢绽放。

Chapter 01
我的生活从此不同

我所亲历的加拿大教育

爸爸是在我刚升入初三那年跟我提出要送我出国的，当时我想上完初中再走，一方面舍不得这里的老师、同学，另一方面想让初中生活有个完美的结局。后来咨询了加拿大那边的亲戚，他们说我那时的年龄已经算大的了，再晚去不太容易融入那边的环境，所以，初三只上了两个月，我便退学去了加拿大。学校是那边的亲戚联系好的——温哥华北本拿比中学。在我正式上学前，亲戚带我坐公交车认了一次路，路很远，大约要花上一个半小时，中途需要倒一次车，结果那次我睡着了，路线也没太记清。上学第一天，是我自己坐车去学校的，一上车就蒙了，问司机，司机听不懂我说什么。我拿着地图看路标，最后还是坐过了站。好在我出来得早，所以最后还是按时赶到了学校。先是有个黑人校长对我进行了面试，然后是一个类似于我们这边教导主任的人给我做课程安排。学校的课程根据学生英语水平分为几个级别：ESL（English as a Second Language）、ELD（English Language Develop）、Regular。ESL 是给英语非母语国家的学生开设的课程，完全是突击语言的，过了这个级别，就进入 ELD，可以正式算学分了。到了 Regular，就意味着能和外国孩子一起进行正常课程的学习了。我自认为英语水平还不错，但是到了那里完全不行，虽然在英语测试时，ESL、ELD 都跳过去了，但是直到一年以后，老师讲的内容我才能完全听懂。

加拿大的基础教育和国内的教育有很大不同，体现在评分标准、教育培养目标和学生的关注点这几个方面。国内教育虽然在改革，但对学生的评价还是依据期中、期末、升学等几次重要考试，除了成绩以外，似乎就没有什么标准能直观地评判学生的优良与否了。加拿大学校的评分标准看重的是学生的平时成绩，每一次作业、平时的小测验都要算学分的，所以，学生不敢轻视。在国内上学时，我常有偷懒的现象，比如不写作业，只要告诉课代表别跟老师说就能蒙混过关；可是在加拿大，学生写完作业得主动找老师判分，晚了会被扣分，直接影响这一科的学分。学校对学生培养的重点在于学生学习知识的能力、团队合作精神以及领导能力。知识只是学习的载体，能力才是学习的最终目的。团队合作意识贯穿在学校对学生评价的每一个方面，各种运动校队挑选队员也看重这方面，身体条件再好，缺乏团队合作意识也不能被吸纳。学生的领导能力，绝对和权力没有关系，而是你在小组里怎样做才能服众。这些和国内教育有很大不同，自己以前从没想过为什么上学，似乎就是为了考个好成绩，得到家长、老师的表扬。初中时做班干部，也是因为班干部拥有小小的权力，和其他同学有所不同。两年来，自己在这些方面改变很大，改变后就发现，看问题以及对事物的评价有了很大的不同——学习不再是为了考个好成绩，让父母脸上有面子，让自己在同学中有威信。

我在北本拿比中学直接入读 10 年级，相当于咱们这儿的高一年级。第一学期成绩很烂，因为语言关过不去。再开学时，成绩就一天一个样了。我算是适应能力比较强的，脑瓜儿也聪明，刚开始对自己的要求是以会、进步为原则,不要求每一科都保持很高的成绩。有几次考试给我的印象很深,最有意思的一次是科学课考试,科学课一共含有四门课程,我去得晚,只赶上两门课的考试,考完试竟然得了 70 多分,心里那个美啊,觉得自己还是很有潜力的。还有一次数学考试,正好赶上心脏不好受,一个半小时的考试我写了 20 分钟就交卷了,结果考了个满分,被老师推荐上了特长班。2008 年,我参加了加拿大数学公开赛,80 分满分,我考了学校第二名,能在加拿大排进前一百名了。因为成绩进步快,我从 10 年级跳到了 12 年级,今年暑假以后就能上大学了。但是这半年压力很大,除了成绩要保持住,毕业前还要交一系列计划,如健康计划、求学计划、工作经验计划、大学课程选课计划等等,很多事情都要自己做,很怵头。说到这里,这又是加拿大教育和国内教育的一个不同之处。加拿大学生一上高中就得考虑大学的志愿方向,对大学报考的申请是在 12 年级的第二个学期完成的, 国内学生很少有在高中阶段就为大学入学作准备的。

我所体会到的生活

我在国外上学,家里付出了很多。爸爸说之所以要送我出去,是觉得国外的平台更好一些,看看外面的世界是什么样子的,别人是怎样生活的,思想深度和宽度都会有很大不同。因为年龄小,父母不放心我一人在外,妈妈为此向单位请了长假,专门在那边照顾我的生活,爸爸留在国内赚钱。到了加拿大才知道,花销太大了,学费、生活费、房租、车费,哪里都需要钱。我的家境在国内算是可以的,可是在那边,所有商品的价格几乎都是国内商品价格的十倍,从不算账的妈妈现在花 20 块钱也记账。平时的生活必需品,油、盐、酱、醋、洗衣皂、洗发水等都是妈妈从国内带过去的,每次都带够用半年的量。我以前从没有为花钱走过心思,到那边学会了省钱,上学时会走一大段路,为的是省出一班车钱，中午饭也省着吃。这些生活中很现实的东西，让我一下子懂得了父母的苦心。这是中国父母的共同特点吧——把最好的教育、最好的生活提供给孩子，爸爸说这样他将来就没有什么后悔的了。我长大了也要这样做，尽量创造条件让家人生活得舒服些。

其实环境的改变、生活的改变造成的不适应还不算什么，最难受的是内心的孤独，妈妈有，我也有。刚开始的半年，因为语言不通、没朋友、闷得慌、受限制等因素，妈妈感觉特别委屈，经常对我哭，说在国内生活得好好的，为什么要来这里受罪，几年后回去也不知工作还能不能保住。一看到她这样，我的心里也不好受。我在那边的朋友不多，那边的同学不像国内的同学，可以有在一个教室一起上几年学的机会。因为选的课程不一样，所以认识的人能在一起上两三节课都很难得。而且，同学之间都有固定的圈子，外人是很难插进去的。有时上活动课时，看着别人和朋友有说有笑，我就感觉特别难受，特别想念国内的同学，觉得和他们在一起的时光是那么的幸福。前一段时间照毕业照，我又受了一次刺激：我认识的人都是明年才毕业，没人操心这事，一起毕业的人又都有各自的圈子，进不去，所以我的毕业照只有单人照，没有合影。夜深人静时，这种孤独感会更加强烈，强烈到想马上给好朋友打电话，让他们安慰我一下。爸爸留在国内一个人生活也不容易，压力大，早出晚归，倒是我和妈妈常常提醒他要注意身体。

我每次回来都特别高兴，能和爸爸在一起了，能看看我初中时的老师、同学了。每次返回加拿大，我的心里都很失落，有说不出的难受。我是一个特别重感情的人，往前看的同时，会时时回头看。因此，我将来一定要回来，我舍不得这里的亲人、朋友。虽然国外的教育很科学，但我更喜欢国内的教育，喜欢老师对学生的关爱，喜欢同学间的亲密无间，这些是我在那边找不到的。有时想，人活着最根本的快乐是什么呢？是感情，是融入骨子里的亲情、友情，这些是任何时候都不能缺少的。

我所设想的未来

我对自己未来的打算，就是上一所好大学，踏踏实实地学一门技术，然后去美国读研究生，再然后回国创办自己的公司。

我上大学后，就准备让妈妈回国，我一个人留在那边打工、念书。爸爸说供我到18岁，我知道他这样说是想让我独立，而我也确实想在18岁以后独立。打工的钱如果不够生活所需，可以靠贷款解决，也可以向爸爸借钱，等我工作以后再还。和朋友说起我的计划时，他们都很惊讶，说我真的变得和他们不一样了。他们没人考虑自己的将来怎样，反正现在当学生就是学习呗。我知道自己的改变是从踏出国门那天开始的，有了那样的经历，看问题自然会不一样，我再也不是那个只想着考个好成绩或者今天玩什么、明天玩什么的小男孩儿了。

梦想，是一个目标，是跌倒后再奋起的原动力，是让自己笑对生活的理由。

倾诉时间：2009 年 2 月 27 日

倾诉人物：马新艳

倾诉地点：《天津中学生》杂志社

马新艳是天津市北辰区民族中专的一名学生，文静、温婉，一副惹人喜爱的乖巧模样。在之前给我的一封信中，她这样写道："昨日"的我是一名品学兼优的学生，因为种种原因，荒废了学业，以至中考落榜。那段时间，我整天在沉默中煎熬，在痛苦中挣扎，在泪水中浸泡，唯有写作支撑着我全部的尊严与信念。我知道，即使我用所有的白天与黑夜超负荷地兼程，也无法追回逝去的光阴，但我依然选择面对。只要还有生命，我就不会放弃对未来的追求。我想以自己的经历告诉所有在读的中专、职校的学生，只要肯努力，只要肯坚持，一样可以做个优秀的人……

采访过程中，马新艳的手里一直握着我给她的纸杯，纸杯里盛着咖啡，咖啡由热变冷，她没有喝一口。她一直在诉说，而我，坐在她对面，一直在倾听，倾听一个少女的成长故事。

Chapter 02
隐形的翅膀

我出生在天津市武清区的一个农村家庭，因为是家里最小的孩子，所以从小就备受父母疼爱。家人中爸爸对我影响最大，他特别爱看书，对我学习上的要求也特别严。我从上小学起一直到初二，成绩没有掉出过年级前十名。家人疼爱我，老师喜欢我，谁都说我天生是块读书的料，将来会有大出息。那时的生活无忧无虑，感觉真幸福！

我所就读的北菜村中学，是一所初中校，在我们那儿算是一所比较好的学校，每年中考，年级前十名的学生都能考上重点校杨村一中。父母、老师以及我自己的心愿就是考上杨村一中，然后考大学。

那时我各科学习成绩都挺好，尤其是英语，所以我一直做英语课代表。此外，受爸爸影响，我还爱看书，喜欢写作，心中有很多梦想和憧憬，比如将来上哪所重点大学，干什么工作，去哪个国家深造，怎样让父母过上好生活，等等。

我上初三那一年，哥哥交了女朋友，父母忙着为他们盖房、筹办婚事，家里乱哄哄的，没人再督促我的学习。初三上半年，我喜欢上一个男生，整天心思不整，无心学习。下半年，学习越紧张，我就越烦躁，心里空落落的，整个人根本不在状态，总想逃避什么似的。结果中考成绩一出来我就傻眼了——我只考了五百出头的分数，都没达到我们镇里高中校的录取分数线。

那天回到家，我告诉爸爸我没考上高中，爸爸一下子坐进沙发里。我爸从不抽烟的，但是那天却抽了很多烟，整个晚上坐在客厅里一言不发，也不睡觉，人似乎一下子苍老了许多。

从小到大，我没受过任何挫折，中考失利算是最惨重的一次，那时我觉得自己什么希望都没有了。有一次，我和妈妈走在街上，迎面碰到一个熟人，人家问我："中考结束了吧，考上哪所高中了？"妈妈小声回答道："没考上。"然后快步朝前走去，生怕别人再追问她什么，我当时恨不得找个地缝儿钻进去。同学知道我落榜的消息后，反应都是："怎么会呢？"弄得我心里特别难受。我的成绩够上中专，但那时听别人说，上中专根本就不是学习去的，混三年，什么都不是，出来还得在家待着。人家一说这些，我就觉得有一把锥子刺在我心上，觉得他们都是"坏人"，在有意地挖苦我，伤我的心。有一天，我收拾好行李箱，对爸爸说："我不上学了，我要上班去。"然后拉着箱子就往车站走，爸爸追出很远，把我接了回去。我把自己关在屋里，两天不吃不喝不见人，号啕痛哭，哭累了就睡，睡醒了再哭。一想到那些平时成绩不如我的同学都考上了杨村一中，我就痛恨自己，为什么关键时刻没有好好把握？！那段最黑暗的日子，我饱受煎熬，人几乎发了疯，支撑我走过来的，就是写作，写发生在我身上的事，写初中时的老师怎样关心我，写朋友们平日里对我的好，写对父母的歉疚，等等，每写出一点儿东西来，就觉得心里舒服了一些。最长的一篇稿子，写了八千多字；最短的，就是几句痛骂自己的话；当然，写得最多的，就是以后一定不再让光阴白白虚度，不再让父母失望，要让父母过上好日子的决心。写着写着，我清醒了很多，我知道，这样的结果，谁也怨不着，只能怨自己。

这所中专校，是我初中校的郑校长帮我选的，他说，这个学校有春考班，你还有参加高考的机会，一定要努力。妈妈为此特意带我去村子里一个也是从这个学校毕业的哥哥那里咨询，哥哥通过春考，考上了师范大学，他的经历给了我一些信心。是啊，我一直都是个优秀的学生，为什么要这样消沉下去呢？一次失败，并不意味着这一生都完了呀！

经过两个月的调整，2007年9月，我带着父母的叮嘱和自己心中的梦想走进了民族中专的大门。从进校的那一天起，我就暗自发誓：要做回优秀的自己！

我们这个年级一共有九个班，一、二班是"3+2"，是直接上大专的；四、五、六是春考班，每个班有五十多名学生；七、八、九则是普通班。中专校的学习比初中校轻松很多，学生的水平也参差不齐。刚开学的那段时间我的心里特别抵触，因为学习生活和自己想象的不一样。我平日里住校，有大量时间看书。宿舍同学都管我叫"宅女"，说我这么喜欢读书，前世一定是个"闺秀"。一学期下来，我的成绩排在了年级前六名。逐渐适应了学校生活以后，我的状态慢慢得以调整，人也变得开朗了。我们学校校风正、活动多，老师对春考班的学生抓得很紧。我的英语基础好，每天早晨都准时收听英语广播节目以锻炼自己的口语能力。老师发现了我的特长，让我做英语课代表和学习委员。可能是我的人缘儿比较好吧，好多老师和同学都很喜欢我。我们学校图书馆的书一般不外借，主任知道我爱看书后，给了我一个"特权"，允许我借书看。班主任推荐我参加学生会工作，通过竞选，我当选为学生会宣传部部长，负责学校辩论会、演讲比赛等活动。我的写作特长也在这里得到发挥，领导检查工作的欢迎词、活动的发言稿经常由我来写。一年级下半学期，我代表学校参加了南开区组织的"学习任长霞事迹"演讲比赛，获了奖；在学校组织的"我骄傲，我是中国人""当奥运圣火点燃的那一刻”等演讲赛中都夺得了第一名；在学校作文竞赛、英语竞赛中我也获了奖。我现在还是学生入党积极分子，每周上党课，写心得体会，生活忙碌而充实。

我很少和同学谈起以前的事，中考失利带给我的阴影虽然淡去了一些，但还没有完全褪去，有时还是如鲠在喉，我从心里不能原谅自己的那次失误。但是，我一直在努力，希望通过三年的刻苦学习，在明年的春考中取得好成绩。我的理想是考上天津外国语大学，虽然中专升入大学的概率不高，但我会倾尽全力。因为自己的懈怠，我已经错失了一次机会，不能再错过第二次。

我很感谢两年来给了我很多支持与鼓励的家人、老师和同学们。我的父母从没有因为我中考的惨败而责怪过我；我的初中同学经常和我联系，鼓励我好好学习；我的老师们更是像疼爱自己的孩子一样疼爱我；还有我宿舍的姐妹们，给了我很多支持，给了我很多照顾，这些都是我重新振作、奋发向上的动力。他们，还有我心中的梦想，就像一对隐形的翅膀，带我飞过绝望，飞向蓝天。

今天我把自己的故事讲出来，是想告诉青少年朋友们，挫折和失败可以让人从中收获很多，我自己就是从中考的失败中明白了很多道理的。虽然我现在没有什么可以骄傲的资本，但是，我会一直努力，努力让自己的生活不再留有更多遗憾。

生活是张单程票，没有返程的可能。得失之间，每个人都要葆有积极的心态，把握好自己的未来。

倾诉时间：2009 年 3 月 14 日

倾诉人物：郁殇

倾诉地点：天津市和平区南京路某咖啡店

在和郁殇见面之前，我对他已经有了很深的印象。这印象来自于他的文字，也来自于他在 QQ 上和我短暂聊天后的感受。

郁殇喜欢写作，给我发来不少稿件。他的文字细腻、绵长而忧伤，写尽了一个人在某种特定时刻的内心状态。我一直以为只有多愁善感的女生才能写出这样的文字，男生有这样的文风，真是不多见。见面地点是我选的，因为他说特别喜欢和环境融合在一起的感觉，只有在“有感觉”的地方，才能详述自己的故事。在我们历时三个多小时的交谈里，郁殇的平静、深刻，让我忘掉了他是一个只有 18 岁的学生。他反复强调着一个观点：父母失败的婚姻让他得到了很多。我一直在想，假如郁殇在一个幸福完整的家庭里成长，会是什么样子呢？当然，生活是张单程票，没有返程的可能。得失之间，每个人都要葆有积极的心态，把握好自己的未来。这一点，郁殇做到了。

Chapter 03
失去，得到

从何说起呢？就从我的家庭说起吧。我的父母在我6岁那年离婚了。很多人以为这件事会在我的内心留下阴影，但我认为没有。这是他们的事情，不是我的，过去了就过去了，每个人都有追求幸福的权利，既然两个人在一起已经不合适了，就没有必要凑合，那样的话谁都不会幸福。

父母离婚后，我和奶奶、叔叔、婶婶住在一起，爸爸很少回来。可能是年龄小的缘故，那时的我对这件事没有太多感觉，每天上学和同学在一起挺开心的。但是遇到生病或不高兴的事情时，内心就会隐隐作痛——当你最需要亲人在你身边而他却不在时，那种难受是说不出来的。

妈妈是列车员，每次出车前和回来后，她都会到学校来看我，给我买很多好吃的。妈妈对我说："别的孩子有的，你一样都不少。"我上五年级时，妈妈再婚了，继父对我很好，把我当成他自己的孩子对待。应该说，因为父母离婚，家人反而给了我更多的爱与关怀。他们总是怕我伤心，有意识地回避一些问题，我就是在他们有意识的回避和给予中，感受到很多细微的东西，我习惯于注意他们的脸色，揣摩他们的语气，我的敏感性格可能就是这样形成的。

上初中后，我开始和爸爸生活。爸爸是电工，经历过下岗、再就业，现在在一家公司上班。他很忙，基本顾不上我。

那时最害怕的，就是晚上一个人在家。半夜里，四周安静，有时候楼道里突然传来敲门声，都能吓得我浑身汗毛竖起，就怕那声音在自家门上响起……可是慢慢的，我发现自己喜欢上了独处的时光。一个人在家时，我通常只开一盏小灯，四周昏暗，我会被一种情绪牵引，沉醉在无边的遐想中。如果是周末，早上我洗完澡后会躺在床上晒太阳；下午五六点钟的时候，则喜欢倚在窗台边看外面的车流，很是享受。我的父母都是性格外向的人，而我却偏内向，喜欢安静，喜欢思考，喜欢遐想，不知这种性格的养成和这些经历有没有关系。

和爸爸一起生活后，我学会了做饭、洗涮、缝补。我最喜欢做饭了，没事的时候，按照自己的想法做几个菜，然后和爸爸一起吃，很有满足感。我的拿手菜是可乐鸡翅、麻辣豆腐、酱香鸡丝土豆，有时也做蛋糕，我喜欢鼓捣吃的东西。对我来说，做饭、洗涮这些事都是必须干的，从不觉得是任务。我和爸爸都不喜欢家里乱，所以每样东西摆放得都很整齐。我有时会买些小饰品摆放在家里，柜子、抽屉会定期整理、归位。我是处女座，喜欢完美，对很多事情都很在意。爸爸每月给我 300 元零用钱，我的吃、穿以及日常花销都从这里出，我安排得很好。算计是必需的，买书我会买网上的折扣书，有时迫不得已打车时，我会走上一大段路，为的是把车费控制在起步价之内。我的同学对我的所作所为并不理解，甚至有人说："你看，班里有哪个男生会做饭？"他们觉得我有怪癖，不可理喻。而我看到的是，在父母羽翼下成长的他们，缺失了基本的劳动能力，我比他们早一些具备了这些能力。

我的学习成绩一直还不错，高二上文科班后有些退步。从小学到高中，我一直是班干部。我有一个本子，记录班内发生的事情和老师布置的任务。我做事缜密，每项任务会写成工作计划，包括具体分配给谁去做、完成的时间等。开始同学很反感我的做法，说怎么弄这么个人当班干部？记得上初中时，有一次上自习课，班里有人说话，我去制止，和同学发生了冲突。几个同学一起找老师，请求撤掉我的班长职务。但相处时间长了，同学们逐渐了解了我的做事风格，也就不再有意见。现在我和同学相处得很好，我对人际交往有自己的见解，每个人的性格不一样，行事风格也不一样，彼此要学会包容。

我喜欢写作，也看了很多书，最爱看的是心理学方面的书，其次是一些随笔。刘墉的《我不是教你诈》《你不可不知的人性》等都是我爱读的书。有人说，尽量不要让孩子过多地了解世间的丑恶，但是既然置身于这个世界，善良和丑恶都会遇见，为什么不早一点儿学会分辨呢？不去做坏人，但一定要知道坏人的存在，这就是我读这些书时的体会。

我喜欢文字，可我对键盘没有感觉，文字必须先写在纸上，再用键盘一个字一个字敲出来才行。我喜欢江南风景，喜欢小桥流水，这些东西给了我很多美妙的遐想，我甚至幻想将来能在一个闲适恬静的地方生活一辈子。生活中的我很独立，独立到即使家中没有爸爸我也会把自己照顾得很好。但是，我的内心还是需要依靠的，在感觉特别累、特别无助、特别需要身边有个肩膀让我靠一靠的时候，就会拿起笔写作。文字是我精神上的依靠。我和同学在一起时，很少讲自己的事情，有时他们会问："为什么我们的事情跟你说，却从没听见过你说自己的事情？"我说："很多事情都被我排遣掉了。"文字起的就是这个作用。

我是一个传统的人，对新事物接受很慢，喜欢怀旧，对"潮"的东西不感兴趣。游戏，我从来不碰，也不参与同学对这些事情的讨论。我喜欢听戏，喜欢老歌，喜欢李谷一、郭兰英，喜欢"纵贯线"，喜欢落日的景象，喜欢一个人享受安静……总之，喜欢的都是和我的同龄人不一样的。我现在负责学校广播站的工作，做节目时我会按照自己的喜好选择那些能唤醒人内心情感的内容，比如回忆童年、朗诵伤感文章、播放抒情歌曲。通过这些东西，我希望能够让人更多地关注我们的内心。

因为父母的原因，我平时在读书或者看电视剧时对婚姻问题特别关注。感情上的事我知道的不多，但我认为，结婚不是两个人的事情，而是两个家庭的事情，需要面对的东西很多，需要处理的事情更多。

我的爸爸妈妈自从分开以后就再无联系，有时他们跟我谈起对方的时候，带有很大成见。我对他们说，怎么评价对方是你们的事情，我的感受应该由我来说。妈妈离开后为我做的一切，没有让我感觉母爱缺失；爸爸改变得则更多，从原来什么都不会做，到一个人默默地承受生活中的重担，他让我看到了男人的坚忍。他从不约束我，却经常对我说："我虽然和你聊的不是很多，但你的一举一动都在我眼里，你的具体行动可以不告诉我，但是你的大方向我必须掌握。"我的父母彼此是最熟悉的陌生人，却都在竭尽全力给我更多的爱。我失去了一些，同时我也得到了很多。人不就是在得失的权衡和思考中不断成长的吗？

绚烂的未来离不开艰辛的付出，一个有追求的人，必须舍得付出。只要不停下来，不轻易放弃，梦想总能成真。

倾诉时间：2009年4月1日

倾诉人物：李琦娅

倾诉地点：天津外大附校

和李琦娅的约定是，如果天气晴好的话，我们坐在学校操场上边晒太阳边聊天。但是这天有风，而且风很大，所以我选择了学校教学楼三楼一间阴凉但安静的屋子，听李琦娅讲述她的故事。

李琦娅是天津外大附校高一年级的学生。采访她的时候，她刚刚参加完“北京大学全国高中生模拟联合国大会”。在这次大会上，李琦娅获得最佳表现奖，这也是外大附校的学生首次获得这一奖项。李琦娅是个大气、活泼、开朗的女生，多才多艺，梦想着将来做一名出色的外交官。15岁时，她就以83分的成绩通过全国公共英语5级考试(研究生出国必备的英语水平考试)；2008年6月，她作为中国中学生代表之一，在美国参加为期两个月的“国际高中生领导才能夏令营”；李琦娅还擅长弹琴、绘画、书法。她说，今天自己所拥有的一切和妈妈从小对她的“逼迫”分不开。从3岁开始，她被妈妈“逼”着学琴、学绘画、学书法、学英语，几乎没有一个轻松的童年。但是现在，她从心里感谢妈妈，因为她懂得了，耀眼的成就离不开艰辛的付出，一个有追求的人，必须舍得付出。只要不停下来，不轻易放弃，梦想总能成真。

Chapter 04
长大后我就成了你

我妈妈是一名护士，非常要强。在我的印象里，她对外人很随和，唯独对我很严厉。我从3岁起就被她逼着学电子琴，5岁学英语、学书法，上小学后学绘画、学钢琴……对童年的记忆，就是我跟着妈妈在各种兴趣班中来往穿梭。我没有时间玩，每天晚上就是重复单调的音节，我很不喜欢这样的生活，经常撅着嘴问妈妈："为什么我不能像别的小孩儿那样快快乐乐地玩呢？"妈妈严厉地对我说："你要想长大有出息，就要从小付出。你现在辛苦，以后才能轻松。"在妈妈严格的督促中，我几乎是怀着极大的抵触情绪去学这些课程的。

学电子琴时，妈妈和我一起上课，每次我有弹得不对的地方，她都能听出来，然后督促我反复练习。印象中最深的一件事，是在电子琴考级之前的一个晚上，妈妈坐在我的旁边，监督我练琴。那一晚我一直练到夜里1点多钟，弹得不对了，她就打一下我的手，让我再弹，我含着眼泪、怨恨和委屈，却不敢反抗。妈妈太严厉了，我怕她。我小学三年级时考下电子琴九级，小学四年级时转学钢琴，后来又考下钢琴九级。学琴13年，付出的辛苦无法计算。但是上了初中以后，我发现钢琴成为我生活中不可或缺的伙伴，高兴时弹，不高兴时也弹，琴声成为我诉说心声的语言。我多次参加学校艺术节演出，在老师、同学赞赏的目光中，我有了自豪感，在学习上也找到了自信。现在全家最开心的事情，就是我弹琴，爸爸唱歌，每当这个时候妈妈会在一旁满足地看着我们，她的神情让我突然理解了她所做的一切。

妈妈工作强度大，很辛苦。为了我学电子琴和英语，妈妈很长时间只上夜班，留出白天的时间陪我上课。

我 5 岁那年开始学英语，先是妈妈在家教了我一段时间，她拿着那些印有香蕉、苹果的卡片，反复地教我读。开始时我也是不情愿的，我连汉语拼音都分不清呢，哪里记得下这些英文呢？但是妈妈告诉我：必须坚持。后来妈妈给我报了少儿剑桥英语班，和很多比我大的孩子一起上课，因为经常受到老师的表扬，我才逐渐地对英语有了兴趣。直到现在我还在外面学英语，水平已经远远超出了同龄人。我的公共英语 5 级考试是我在初三那一年通过的。我们学校有个高三学生考上哈佛大学了，我的英语比她强，我就想，我也要试一试。初三时因为成绩好，我被学校保送直升高中，没有了考学的压力，我用三个月的时间准备英语考试。成绩是我在美国参加夏令营时知道的，当时我就哭了，要知道，此前全国 15 岁的考生在公共英语 5 级考试中只有一个女孩通过了，我是第二个！这让我感觉，这么多年的辛苦没有白费。现在，我在学英语翻译，每周日去天津外国语大学上课，准备参加全国英语翻译资格水平考试。这个考试相当难，但是我有信心，从小到大，我从妈妈那里学会的就是坚忍。干任何一件事，没有毅力是不行的，这是妈妈用她十几年如一日对我精心培养的行动告诉我的。我的每个周六、周日时间从来都是安排得满满的——我已经习惯了这种生活，我记住了妈妈的话：若想让自己以后轻松，就要现在付出辛苦。

学书法也是在我上小学之前开始的，很苦、很枯燥，妈妈手把手地教我。我学的是硬笔书法，因为妈妈认为硬笔书法更实用。上小学时，我的硬笔书法获得了“小星星”杯金奖，绘画也获得了这个奖项，也就是从那时起，我在别人的肯定中对妈妈逼迫我学习的做法不再反感。

我的成绩一直很好，语言方面尤为突出。妈妈说，这是因为我从3岁开始学琴的缘故。学琴锻炼的是双手的协调能力，对开发人的智力有很大帮助，而3岁是开发智力的最佳时期。小学毕业时，在天津南开翔宇中学和天津外大附校之间，我选择了后者，因为我觉得自己记忆力和语言能力更强。我想学语言，将来做外交官，这个志向也是学好英语后逐渐树立起来的。升入初中后，有段时间我的成绩不稳定，外大附校的学生都是奔着学习语言来的，其中不乏高手。但是经过一段适应期后，我的成绩始终保持在年级前十名。2008年6月，我被选拔参加“国际高中生领导才能夏令营”，中国一共去了四个学生，我是其中一个。那次活动对我的意义很大，我结识了很多来自不同国家的学生，知道了他们接受的是什么样的教育，也知道了国家之间的文化差异。最大的感触是，只有在异国他乡时，我才知道祖国在我心中占据的重要位置。2008年奥运会开幕式，我们是在美国营地看的。我激动得泪流满面，爱国，在那时不再是一句空话，在美国所见到的一切更激发了我刻苦学习的决心。

我对未来的打算是上北京外国语大学，将来做外交官。“北外”是外交官的摇篮，“北外”的学生在二年级时会有被外交部选拔并委派出国学习的机会，为了这个目标，我必须努力，让自己具备实力，将来有更大的发展空间。

我是一个做事特别认真的人，对自己的要求非常严格。和同龄人比，我要成熟一些，关注的东西也不一样。在学习方面，对于每个阶段该完成的任务，我都有计划。为完成这些计划，我一步步地努力着。这也是我突然意识到的：长大后的我，性格和母亲一模一样，严肃、严格、严谨、认真，简直就是她的翻版。

回忆十几年的成长，我从心里感谢妈妈，她为培养我所付出的心血，总有一天会开花结果。

没有一颗心会因为真诚而受伤，当你真心想要某种东西时，整个宇宙都会联合起来帮你达成。

倾诉时间：2009年6月26日

倾诉人物：乜许

倾诉方式：网络

乜许在我的电子信箱里留言，说一定要和我聊聊，因为一个人的孤单让她难以承受。但是她拒绝透露她的学校，也拒绝面谈。她说，如果不是长期以来的孤独感让她压抑难挨，她还是会选择孤傲地生活。但是，看到同学们在课间时的融洽以及对她退避三舍的态度，她感到万分痛苦。她想说出自己的故事，告诉人们，骄傲面孔的背后，有一颗自卑的心在作祟。她愿意敞开心扉，融入到同学当中。和同学一起学习、一起玩，是她最大的心愿。我给她的留言是：没有一颗心会因为真诚而受伤，当你真心想要某种东西时，整个宇宙都会联合起来帮你达成。

Chapter 05
一个人的孤单

我很自卑，我用骄傲掩饰自卑。我独来独往，做任何事都喜欢一个人。一个人去书店，一个人打篮球，一个人逛街，做什么都一个人。没有人陪我，因为在同学们眼里，我骄傲、冷漠、不易相处、难以亲近。从小学到高中，同学们都这样认为。

其实，我很渴望和同学们在一起说说笑笑，从心里渴望，但是，他们似乎很怕我。

初中同学聚会，没人通知我。当同学告诉我他们聚会的那天有多么开心时，我的内心失落、郁闷，表面上却摆出一副无所谓的样子，冷冷地说声“哦”，转身走掉。没有人知道，那一天，我的感觉有多么糟糕。

今天，下雨了，我一个人出去买衣服，看到街上打伞的人们很开心，仿佛感觉不到冰凉的雨存在似的。我一个人漫无目的地走着，没打伞，突然感觉很害怕，很想哭，但是忍住了。

我的性格很内向，同学给我的评价是：冷傲、安静。我曾试着改变，让自己在班里话多一些，爱笑一点儿，但是没有起色，不知不觉又回到原来的样子。

我曾有几次邀请同学和我一起去书店，但不知道为什么，都被婉拒了。从那以后，我很少再邀请同学一起去做什么事情了。

和同学在一起时，我总感觉到自卑，觉得我没有他们开朗，没有他们爱说爱笑，没有他们人缘儿好……总之，我觉得自己一无是处。我也试着对自己说，你是最好的，独一无二，有别人不具备的优点，可是，没有用。

从小，爸爸老拿他朋友的孩子和我比，说我这不行、那不行，每当爸爸这样说时，我就选择低头沉默或者离开。现在想来，似乎我成功的事情还真的不多。上初中时，我的成绩一直在年级前五名，是各科老师的宠儿，他们都认为我会考上一所重点学校。结果我没考好，只上了一所普通高中。记得快中考的时候，同学们都在互留联系方式，几乎每个人都有一本同学录。我没买，很少有人要我的联系方式，也很少有人要我填同学录。看着他们人手一沓同学录，我面无表情。那时同学们最常说的几句话就是："呵呵，终于填完一张了，好讨厌，还有这么多要填。"无所谓、不在乎的，只是我的外表。其实，我很羡慕他们。

从小学到现在，我的好朋友不超过五个。老舍曾经说过："没有朋友的人像生活在沙漠里。"我觉得这就是我的生活状态。

我曾经问过我的同学，为什么我邀他们和我出去而他们却拒绝我，他们说有事。不知道是真是假，大概他们是怕伤我的心，没说实话吧，我这么跟自己说，但是，遭到拒绝时的感觉真的很糟糕。

我爸妈都是做生意的，很忙。我们虽然生活在一个屋檐下，但相处的时间很少，大部分时间都是我一个人待在家里。

上小学时，看到其他小朋友有爸妈来接，我很羡慕，而我每天都是一个人回家。那时我还小，回到家，一个人对着空空荡荡的屋子，会把所有的灯都打开，把所有的玩具都摆在身边，老是瞎想，如果坏人来了该怎么办呢？就连听到外面的脚步声都会害怕，认为是坏人来了。我会抱着最大的一个玩具熊自言自语："不害怕，妈妈一会儿就回来了。"睡觉时我从来不关灯，只要我在家，灯就亮着。

多少个寒、暑假，我都是一个人在家，没朋友约我出去玩。整个假期，我几乎不说话。每天的生活就是，拿着爸妈留给我的钱出去买吃的，然后看电视、上网、看书。每天出去买吃的，是我和外界唯一的接触机会。

舅舅家跟我家住前后楼，走路三五分钟就到了。舅舅家有个姐姐，但是我们姐妹也很疏远。我已经很久没见过她了。有一天我给姐姐发了条信息，她没回。本来想联系一下姐妹间感情的，也只好作罢。

我不擅长表达自己的感情，是一个喜欢把感情藏在心里的人。有一次和姐姐出去吃饭，我一直尽力跟她说话，可是她一般用不多于十个字的句子回答我。那天和我们在一起的还有一个妹妹，那个妹妹和她说话时，她总是很开心，而且她俩聊得也很投机。两个人把我晾在一边，我觉得她不喜欢我。

每当过生日时我尤其感到孤单。其他同学过生日会收到礼物，我不奢望收到同学的礼物，只是想他们能跟我说声“嘿，生日快乐”我就知足了，但是从来没有人对我说过。

我和妈妈的生日只差一天。有一次，妈妈住院了。妈妈生日那天，我和爸爸在医院给妈妈过生日。我强作欢颜，没有说什么。过了一会儿，他们记起来了，说：“昨天是你生日吧？”我淡淡地答道：“嗯。”然后装作若无其事的样子，继续给妈妈过生日。

我还有一个妹妹，是小姨家的孩子。她生日那天，小姨夫在餐馆给她点了一桌子菜，说是庆生，要我也去。吃了一口我就出来了，在外面听到他们开心的笑声，我哭了。黑黑的夜路，我一个人走着，突然觉得自己是多余的。我想怨父母从小就忽略了我，但又怨不起来。他们每天都很忙、很累，我体谅他们，所以很少烦他们，也很少和他们交流。早上我上学，他们没起床；晚上他们回家，看见我在学习，也不和我说话，怕打扰我学习。

你知道我18岁的生日是怎么过的吗?我请了几个朋友去吃饭。我不会喝酒,但是那天我喝了酒,朋友们很诧异地看着我。晚上回到家,爸妈问我:“你生日啊?”我说:“嗯。”然后他们说:“18岁了啊?”我说:“是的,我长大了。”然后我回到自己屋里。家里除了爸妈那屋的电视声外,没有别的声音,这回我没哭,大概是因为麻木了。其实我很想爸妈跟我说声“生日快乐”,但是他们没有,也许他们认为我不在乎吧。

从小我就养成自己的事情自己解决的习惯,不到万不得已,绝不会麻烦别人,包括父母。其实我不太想把自己的事说出来,但是我想告诉其他人,有些人骄傲,是因为他们自卑,不要被他们骄傲的面孔所欺骗,其实他们更需要关爱和照顾,我就属于这样的人。因为我的骄傲、冷漠,伤了很多人,也把很多人拒之千里,我后悔,也很愧疚。有时,我觉得自己挺虚伪的,明明在乎,却表现出无所谓的样子;明明喜欢成群结队,却始终独来独往;明明自卑,却表现得那么孤傲。

今天我把我的故事说出来,只是想让其他朋友引以为戒,不要让一张骄傲的面具,冻结了你身边人的热情,不要像我这样。也很想告诉我的同学们,我很希望得到他们的关心,很渴望和他们打成一片——这几乎成了我的梦想。从现在开始,我会试着卸下这张骄傲的面具。

成长是要经过"断奶"的，只有"断了奶的人"才有未来可言。

倾诉时间：2009 年 9 月 22 日

倾诉人物：陈一峰

倾诉地点：天津市电子计算机职专操场

与其说陈一峰是在倾诉，不如说他是在讲述，讲述一个从小泡在蜜罐里的孩子 18 年的成长过程。陈一峰长相俊朗，很招人喜欢，在我和他两个多小时的谈话中，不断有人走过来，询问他的名字，夸奖他的相貌。其实，陈一峰引人注意的地方还在于，他家境殷实，从小生活优越，在美国留学一年后，穿着、言谈、举止和国内的学生有了很大不同。他说，在国内时，因为成绩不好，他算不上是一个优秀的学生，人生的路应该怎样走，他没有认真想过。但是到美国后，独立面对一切，让他开始认真思考未来，思考生活，这时才认识到，一个人的成长是要经过"断奶"的，只有"断了奶的人"才有未来可言。

Chapter 06
断奶

我算不上“富二代”，但因为家境好，从小也确实没经受过任何挫折。回顾我这十几年的学生生活，基本上可以用“表现一般”来概括，但是我的命好，每次都有更好的机遇垂青我。

我的性格偏内向，是一个很容易害羞的人，做什么事情都依赖别人。出去买东西，必须有同学陪着才去，结账、问路这些事情也由他们来做，我只负责拿东西。我算是个聪明孩子，但因为不爱学习，成绩很不稳定，这学期排年级前几名，下学期可能就排年级倒数几名。小学六年级时，我所在的班赶上了全年级最好的几个老师教，结果那年的小学升初中考试，我幸运地考上了天津市耀华中学。

我至今还记得上中学后我的第一堂课，别的同学坐在那里全神贯注地听讲，我坐在那里看着老师发愣，感觉时间是如此漫长。上初二时，学校动员学生参加兴趣小组。我喜欢化学，想报化学小组，结果因为成绩不好，被分到了机器人组。在机器人组学了不到一个月，我参加了天津市机器人比赛，获得了一等奖。后来参加全国机器人大赛，又得了第一名。机器人属科技发明类，原是新华中学的强项，那一年却成为了耀华中学的荣耀。由我所引发的机器人热,风靡了整个校园。在后来的机器人比赛中,学校参赛的十几个学生,除一人获银牌外,其他人全都获得金牌,直接改变了耀华中学的机器人参赛历史。耀华中学有个博物馆,收录着建校以来获得各种荣誉的学生名字及其事迹,我的名字也被"载入史册",这是我初中最辉煌的纪录。尽管如此,我的成绩还是不行。初三学习很紧张了,别人补课、请家教,我却把业余时间用来玩游戏、学小提琴、打羽毛球,直到初三下学期,才找了个家教,家教时间也变成了我和老师的聊天时间。中考成绩相当不理想,我觉得前途渺茫,没有任何希望可言。

在老师的建议下,我报了耀华中学的国际班。国际班的学生不学高中课程,完全是美式教育。因为目标是出国,所有学生都在外面上英语班,好早点儿过了语言关,去美国读大学。经过一年的松散学习,2008年8月,我和二十多个国际班的学生一起来到美国卡斯卡迪亚社区学院,开始了我们在美国的学习生活。

卡斯卡迪亚社区学院在美国排名第二,但是有关国际学生的课程却是四年前才建立起来的。学院规定,学生的语言能力必须从1级到5级逐级完成,大约需要两年半的时间,这期间不允许学生参加任何语言考试,不给学生任何跳级的机会。

初到美国,我遇到的最大问题就是语言障碍。一开始上课时完全听不懂,好在美国课堂气氛轻松随意,学生遇到不懂的问题可以随时提问。我在美国上学的第一个学期就遇到了一件麻烦事——我被停课了,并且受到美国移民局的警告。要知道,我是第一个被停课的国际学生。起因是:上课后我去拿水,在经过一个女生的座位时和她开了个玩笑,趁她不注意,往后拉了一下她的椅子,结果她从椅子上摔了下来。平时和颜悦色的老师勃然大怒,说我的行为很恶劣,一定要追究我的责任。校长、老师找到我,停了我两周的课。我无论如何没想到这件事会对我有这么大的影响。我们平时成绩是按学分计算的,满分是 7 分,不足 2.7 分就会受到美国移民局的警告,有被停学的危险。因为两周的停课,我的平时成绩只得了 0.7 分,那时不断接到移民局的警告信,弄得我非常紧张。也是从那时起,我有了转学的念头。

在询问了很多其他学校的同学并走访了相关的学校后,我在今年的 5 月份选中了另一所社区学院,这所学院针对国际学生的教育很专业,管理也很完善。更主要的是,这所学校的语言学习从 1 级到 8 级差不多用一年的时间就可以完成,到 4 级的时候,学生就可以修学分,听正课了。转学的过程很麻烦,要通过这所学校的考试,还要自己办理所有转学手续。卡斯卡迪亚学院不同意学生中途转学,我和另外两个转学的学生四处奔走,才在 6 月初拿到了档案。我这次回国探亲假期是三个月,本来在 9 月中旬就该返回的,但是我延后了两个月。我报名参加了 11 月份的托福考试, 现在正在恶补英语, 如果能够通过这次考试,回去就可以学正课了,大大地缩短了我进入美国正式大学的时间。通过在美国一年的学习,我终于意识到,自己应该用怎样的态度对待学习,应该怎样筹划未来。

除了对学习有了深刻的认识以外,生活上我也有很多收获,从原来什么都依赖别人,到可以独立应对各种事情;从花钱无度到有计划地安排生活,这期间也是经历了一些曲折的。我和另外三个学生住在美国一对老夫妇家里,每人每月交给他们 525 美金,日常起居由他们照顾。应该说,在去美国之前,我们四个人都是那种从小被父母捧着、基本没有自理能力的宠儿,冷不丁地面对一个陌生的环境,心理上的落差还是蛮剧烈的。我们第一次出去玩,就因为不懂得问美国公交车的时间而在车站傻傻地等了两个小时,最后不得不走路回家。

我从小花钱大手大脚,不懂得节俭。到美国后,因为不习惯美国人的饭食,经常和同学到中餐馆吃饭。除了中介机构每月打过来的基本生活费，我还有父母给的零花钱，但却因为不会计划，常常捉襟见肘。我第一次遭遇“经济危机”，身上分文没有，连公交费都付不起，一个人在校园里愁眉苦脸地溜达，不知道找谁借钱以解燃眉之急。最惨的一次，是我和另外一个朋友身上的钱都花光了，只能饿着肚子眼巴巴地看着其他人吃饭，还死撑着面子，拒绝他人援助。有过几次这样的遭遇后，我下定决心开始记账，把每月的花销列出明细，尽量省去不必要的花销。我这次回来，很正式地给妈妈做了个去年一年的花销统计表和明年的预算清单，妈妈说这是我人生第一次计划，有着非同寻常的意义，值得珍藏。学会节俭，有计划地消费，这是我去美国的另一个收获。

第三个收获是我知道了友情的珍贵。在外一年，远离父母，难免孤独寂寞，却因为有了三个好友和很多中国留学生的帮助，让我忘掉了诸多烦恼。去年我的生日是在美国度过的，老师和同学为我开了一个很大的生日庆祝聚会，比在家里过生日都热闹。那时我才意识到，有朋友在身边是一件多么幸福的事情。我以前总喜欢恶作剧、拿朋友开玩笑，而且把握不好“度”，伤了很多朋友的心。比如，我会把一大把又热又黏的爆米花碎粒塞到同学的脖领儿里；教同学滑冰时，我把他领到冰场中央，然后自己转身跑掉；和同学滑雪时，我怂恿他从只有高手才能滑的地方滑下去，结果他横着滚下雪坡去。在美国时，我每天和最好的朋友斗嘴，直斗到他红脖涨脸、张口结舌也不肯罢休。结果有一次，他突然哭了，那一刻我才意识到，让一个硬朗的男生在我面前流泪，该是多么大的伤害！这种没有尺度的玩笑会给别人的心里留下很深的阴影。那天晚上，我诚恳地给他写了封道歉信，写信时，我又想起了很多被我伤害过的朋友。我试着一一列出他们的名字，居然有二三十人那么多，我感觉心里很不是滋味。后来，我把这封道歉信放到了我的 QQ 空间上，这是我的空间里登出的唯一一篇文章。

我的第四个收获，是知道了亲情的可贵。以前在家时，总嫌父母唠叨，想快点儿离开他们，现在想来这些都成了可望而不可即的幸福，什么东西都是失去了才知它的珍贵。每次和父母视频，我都能看到他们眼圈儿红红的，我自己的鼻子也酸酸的。爸爸身体不好，有结石病，我知道后很着急，写了一大篇的文字发过去。爸爸很欣慰，还特意把那次的聊天记录保存起来，说这是我从小到大说的最让他感动的话。

受父母的熏陶，我从小树立的理想就是经商。语言关过了后，我会选择金融专业，大学毕业后，还要学MBA，然后回国发展。一年的留学生活，让我成长了很多。相对于那些在国外求学的优秀学生，我的变化算不上什么，但对我来说却有着非凡的意义——我看到了未来。

更清楚地看清自己和他人，更智慧地对待生活，从而使人生变得积极健康，这是每个人一生都要做的功课。

倾诉时间：2009年5月24日

倾诉人物：小雪

倾诉地点：天津市第四十五中学心理咨询室

小雪是天津市第四十五中学高二年级的学生，也是学校心理健康中心的志愿者。她性格外向、乐观开朗，对很多事情有着独到的见解。做志愿者的经历让她梦想着将来成为一名心理咨询师。她在电话里对我说："通过我和身边同学发生的故事，我对很多事情都有了新的认识，我愿意说出来与大家分享。"在学校那间狭小又温馨的心理咨询室里，我们侃侃而谈，她以亲历者的身份讲述学生中常见的问题。她说："我们遇到的事情对大人来说可能都是小事，但对我们这个年龄段的人来说有时却是天大的事，如何正确处理，是需要一些心理学的知识来指导的。然而很多同学对心理学并没有一个正确的认识，一谈到心理咨询，就以为去咨询的人心理都有病。其实，谁在生活中不会遇到一些自己认识不了、化解不了、解决不了的问题呢？遇到这些问题时，学会释放，学会向朋友、老师寻求帮助，是必要的手段。"小雪的一番阐述让我想起了一句话：心理学的作用，就是使人更清楚地看清自己和他人，更智慧地对待生活，从而使人生变得积极健康。从这一点来说，这是每个人一生都要做的功课。

Chapter 07
每个人都不简单

自从上初一开始，我就觉得自己有了一些变化：不想让父母管束太多；父母进我的房间，必须要敲门，征得我的同意后才能进来；不许他们随便碰我的东西；看什么都烦，动不动就发脾气；喜欢一个人待着；写日记，在本子上记录我对每一件事的想法……那个日记本，我每天都背着去学校，那里盛满了我的秘密——我不想让任何人知道的秘密。然而有一天，我忘了带走它，放学回家后，发现原本放在书桌上的日记本被放到了书架上。“妈妈看我的日记了！我的秘密不再完整了！”这是我脑中的第一个闪念，当时觉得天都塌下来了。我冲着妈妈大喊大叫，疯了一般地哭闹。因为这件事，我有两个月没有和妈妈说话。我拒绝她的关心，烦她的唠叨。排斥她的同时心里又在思考：为什么我会这样呢？通过看书我了解到，我到青春期了，我的独立意识在增强，发表自我见解的欲求前所未有地在增长，父母的关爱被我理解为约束，他们无意的举动被我理解为侵犯了私人空间。我意识到，我过激的言行伤害了妈妈，犹豫很长时间，我终于向妈妈道歉。两个月来一直对我小心翼翼的妈妈异常惊喜。从那以后，我和妈妈再也没有发生过冲突。

我有一个习惯——在复习的时候吃东西，那是无意中养成的。上小学时成绩考好了，妈妈就会给我零食吃作为奖励。六年级时考试多了起来，每次临考前的复习，我都让妈妈给我准备一些零食，吃的时候心里就有一种满足感，觉得考试肯定能考好，习惯就这样慢慢地养成了。中考之前，学习压力很大，但是一吃东西感觉压力就能缓解。上高中后，这种行为有增无减，特别是在高二水平考试之前，每个晚上要吃很多东西。侧面向同学打听，还真没有谁像我这样。书上说，对一种东西有强烈的依赖行为是强迫症——原来我得病了。这样的认识让我痛苦极了。有病怎么办？就得治。强迫自己不吃东西，但根本看不进去书；我有意识地减量，可还是控制不住，这一时减掉了一分的量，下一时得用三倍的量来补偿。那段时间，表面上看起来我没什么异样，但其实内心很苦恼，老是想着这件事，睡不好觉，又怕同学知道。我们学校有心理咨询室，每天都有老师值班，有一次我实在忍不住，就跑进去和心理老师说了。老师说，这就是一种习惯，就像吃饭、喝水一样，没有什么。把它当成习惯就好，不用过分关注它，吃东西时感觉舒服，考试能考好，这就够了。这件事情我和老师沟通了一个月。一个月以后，心理上就再也没有那种负重感了。现在复习时还会吃东西，量比以前少了很多。这件事给我的启发是，对事物有一个正确的认识很重要。

我是学校的心理志愿者。心理志愿者的工作就是协助老师开展一些活动，对那些有心理诉求的同学予以帮助。通过做这些工作，我感觉中学生们的心理问题还是很多的，而更重要的问题是，很多同学不能正确认识心理工作，不能主动与别人沟通，找到更好的解决问题的办法。

心理健康中心每天都有学生来，但找老师沟通的少，更多的学生是去发泄室寻求自我发泄。发泄室原来有沙发、凳子、飞镖，这些东西现在都被撤掉了。沙发、凳子被同学你一脚我一脚地踹，没几天就烂了;飞镖被撤,是因为有同学用它在胳膊上自残。所以,目前发泄室只保留了沙袋,供有发泄需要的同学使用。从这一点就可以看出来,需要心理调节的学生还是很多的,我们的工作就是让他们把内心的隐秘和不愉快说出来。心理志愿者必须要做到的一点是,学生在这里讲的事情,出门就要忘,不能和任何人去说。学生中的隐秘问题,靠我们平时细心观察去发现,对于情绪不好的同学要主动接近,提供帮助,让他们在倾诉的过程中得到释放。曾有一个女生对我说心里不好受,我陪了她一个中午,最后她说:"你陪我跑步吧。"结果我陪着她在操场上跑了800米,把我累得够呛,要知道,800米体育测试我都没有跑下来啊!可是那一次,我坚持了下来。每次给同学提供一些这样的帮助,我的心里都很高兴。和同学共同面对问题时,我们就像是在一起打仗——帮她们打败心理上的敌人。

中学生存在的心理问题,我认为主要集中在以下四点:一是同学之间人际关系的问题;二是学业压力的问题;三是和父母沟通、相互理解的问题;四是和老师关系的问题。其中学生间的人际关系问题是最突出的。

中学生都特别在乎朋友间的友情,因为我们有着同样的感受,体验着同样的需求,这些共同的感受和需求使得我们形成了深深的"利益共同体"。但是对友情看得很重的我们,也特别容易受到来自友情的伤害。比如,最好的朋友又有了别的亲近的朋友;朋友把自己的秘密告诉给了别人;等等。很多同学都被这类问题困扰着。

男、女生的人际关系问题也是比较突出的,早恋现象越来越普遍,陷入其中的人,没有不遇到问题的。校园中的男、女生交往是必要的,只是很多人把握不好"度"。现在在女生中有一个错误的认识:青春期如果没有对异性的萌动心理是不正常的。一些女生早恋,并不是真的因为心里对某个人有了喜欢的感觉,而是她们认为这样做才可以证明自己是一个正常人。还有很多女生是因为周围的同学起哄而早恋的。对于这样的同学,我们告诉她们的是,早恋就像一只青苹果,苹果青的时候是涩的,必须等它熟了才好吃。

做心理志愿者让我收获很多。心理工作的核心就是沟通,沟通是解决问题最重要的环节。我以前也不愿意把事情说出来,但是我发现,很多事情一说出来,问题就解决了。经常有同学向我倒完苦水后,我花上几天的时间帮她想应对办法,等我想出来告诉她时,她却对我说:"那件事我都忘了。"学生中很多心理问题,实际上是自我封闭的结果:越不说,想得越多;想得越多,事情就变得越严重。如果没有适合的倾诉对象,写出来也行,或者对着镜子自己说,把镜子里的那个人当成倾诉的对象,也会有效果。还有,就是要学会接受不公平。中学生自我意识都很强,而且很在意自己在老师心目中的形象,所以往往不能接受不公平的事情,觉得大家都是一样的人,为什么老师对我这样,对别人就不这样?我们都是普通人,总会有喜欢的人、事和不喜欢的人、事。有的老师喜欢踏实的人,有的老师喜欢思维活跃的人,这都是正常的。我曾经读过一段话,觉得很有道理:"橙子说,我们不可能做人见人爱的橙子,因为很多人不喜欢橙子,我们只要让喜欢橙子的人喜欢我们做的这个橙子就行了。"

我现在特别喜欢读心理学方面的书,将来我想做个心理咨询师,解决人们的心理健康问题,让每个人都能乐观地对待生活,健康发展。在同学眼里我是一个思想简单的人,但是我想,其实我以及每一个中学生,对生活都有着自己的理解,我们都不简单。

梦想不是幻想，要切合实际，要付诸行动。

倾诉时间：2009 年 6 月 5 日

倾诉人物：天涯鸟

倾诉方式：来信

天涯鸟给我寄来了一封长达万字的信，里面写尽了内心的孤独和混乱。高中生活的不适应、性格的内向、内心的封闭，让曾经排名“女 1 号”的天涯鸟失去了自信，字里行间充满着焦灼、自卑与无奈。因为她的来信没有署真名，我无法找到她与她推心置腹地聊一聊。我把想说的话写在这里，希望她能看到并对她有所帮助：梦想不是幻想，要切合实际，要付诸行动。没有谁的成长会一帆风顺，遇到问题时，要学会把握自己，借助同学、老师、亲人的力量走出困惑与迷茫。淡化那些不良感受，打开封闭的内心世界，走到火热的生活中去，找到自信，这样，一切就会有所改变。

最后我想说的是，生活中的挫折是成长的催化剂，风雨过后是彩虹，通往光明的钥匙永远掌握在自己手中，希望每一个学生都能用它开启美好的未来。

Chapter 08
我曾经是“女 1 号”

我现在上高一，暑假后就要升入高二了。上高中后，我的学习状态不是很好，成绩在班上总排在倒数第几名，我非常苦恼。

我们学校是一所普通高中校，入学时我的排名是年级前十几名，在班里的学号是 02 号，因为 01 号是男生，因此班主任说我是“女 1 号”。一上高中我就很不适应，新课改内容变化很大，学习上我有些吃力。在学习上我不是一个很有自觉性的人，上初中时除了完成作业，没有主动学习的意识，所以基础不是很牢固。高中第一次月考，我考了年级第二百多名，非常沮丧。那次月考后我在回家的路上被摩托车撞了，膝盖肿、腿疼，在家待了十天，落下很多功课。这期间，我没有看书。后来拄着拐上学了，两周后期中考试，我考了班上倒数第几名。我开始一天天地学不进去，作业不会做就抄别人的，每天上课度日如年。有时我也告诫自己要好好学习，可一翻开书看到那些不会的内容就又没了信心。我在日记本上这样写道：“我陷入沼泽地已经很久了，自己却不知道，还以为自己才刚刚陷入。我还能爬出来吗？不，我不能，我做不到。我该怎么办？有谁能拉我出来吗？”

一天晚上，班主任找到我，询问我的学习情况，她说："这段时间你音乐课、体育课不上，也不上操……对你来说，落几天的课算什么啊？"我哪里是只落了几天的课？多学一天我就多落一天！体育课同学们都出去跳绳了，我坐在教室里难受。他们走了，我的心也跟出去了，心里有一种说不出的滋味，就好像折断了翅膀的鸟儿，望着空中飞翔的同伴，自己却无能为力……

一个月后又到了月考。此时，考试对我来说就是一种煎熬，考哪科都是待在座位上熬时间。除了选择题能蒙着做一些，别的题连蒙都不知道写什么。考完试后语文老师把我叫了出去，他说一看我的卷子就知道选择题全都是蒙着做的，一溜儿 A 一溜儿 B 的，问我是怎么回事？我说不会就蒙呗！他让我不要自暴自弃，要对自己有信心。他说，以你的优势超过别人并不难，要有计划地学习，不要每天闷闷不乐。上晚自习课时地理老师又找我来了，他是年级组长，他问我怎么考的试，地理选择题前五道做得都对，从第六题开始就五个 A 五个 B 地蒙，他以为我是故意不想考好的。他打开电脑让我看成绩，说入学时我的成绩在先，现在考这么点儿分怎么行呢，别人成绩下降也没有下降这么快的，这样发展下去连高中都毕不了业。他问我为什么，我只说没好好学；他问我为什么没好好学，我说不知道。他说我肯定知道，和哪个老师说都行，要是不愿意说就把家长叫来让家长说吧。这是我的死穴——最怕老师叫家长，当时我就说下回我努力。他说努力学习吧，争取回到"女 1 号"的位置上去！

第二天放学时，班主任来教室拿东西，又说了很多关于考试成绩的问题，特别点了成绩退步的人。她没说我什么，但我觉得她句句是针对我说的。

离期末考试越来越近，我仍旧不能进入状态。"我要进步""我要努力"的话我不知道对自己说了多少遍了，但没有一次落实到行动上。期末考试我考了班上倒数第十名,我真的无药可救了。

我们学校文理分班算是早的,寒假开学一周后就分班了。从前我一直想学理科,可是因为成绩太差只能学文科了。分班后换了新班主任,学号是按上学期几次考试的平均成绩排的,我排44号。

我一直都喜欢我们的语文老师,分班后他还教我,可是开学一个多月他上课都没叫过我。有时在楼道里看见他,我叫声"老师"他也不理。他讲课很有意思,我也爱上语文课,但是他对我的态度让我难受。老师真的讨厌我了吗?都懒得搭理我了吗?我感到很失落,怪自己太不争气,不好好学习,给老师留下了不好的印象。每到语文早自习时,他都来我们班抽查同学的背诵或默写情况。一次他走过来,站在我的课桌旁。他要检查我的作业了?我的心怦怦直跳。他说:"XXX,你昨天听写的纸呢?"他叫的是我的同桌。老师拿过纸把错题给她听写了一遍,然后说:"你要是肯努力,一定会很优秀的。"当时我都快哭了,他为什么就不叫我呢?我恨自己,我难过,我想哭,那一天的心情特别不好。我想好好学习,以我的进步赢得老师的肯定,让他对我有个新的评价,可是我做不到,一看书精神就不能集中,不知道自己在想些什么。

很快,新学期的第一次月考就来了,我很畏惧。考试时我在第六考场,是上学期我所在的教室。进了考场感觉很亲切,可涂考号时心里却不是滋味——以前一直涂02号的,现在一下子改成涂44号了。虽然我知道自己不配拥有02号,但我还是舍不得它。遇到不会的题我就在卷子上瞎画,考完试就觉得像是熬过了一关,内心竟然有些兴奋。多少次的失败,让我在面对失败时,竟然有了难以抑制的莫名的喜悦,这是无奈?是自弃?还是……我不知道自己每天都在做什么,其实心里很难受,我有很多心里话想要倾诉,但是却找不到可以倾诉的人。在偌大的校园里,我连一个知心朋友都没有,每天自己形影相吊。

班主任老师前段时间找我谈话,她问我为什么下课总是自己待着，不愿意和同学多交往，我低着头没有说话，眼泪一滴滴地落下来。我不是不想说，只是没有知心朋友，我不知道对谁说，面对老师时，我又不知道该怎么说，我真的很难受。

在教室里我坐最后一排，我经常把身子往后一靠，脑袋贴着后墙，呆呆地愣神儿。晚自习时我就找借口出去转转。外面好静啊，我都不想回去了。可是在外面待着又怕被老师发现。有一次上楼时正好碰见历史老师。她问我怎么了，是不是闹肚子了？我说没有。她问我为什么这么长时间才回来，我只好说在外面待着呢。她说有什么事要和老师说，下回别这样了。可我还是郁闷，转天的晚自习我还是想出去，一个人的时候，我会感觉舒服些。一次语文课上，我用右手支着头在那儿走神儿。语文老师叫我。天哪，他竟然还认得我！开学一个半月了他从来没叫过我，那天终于叫我了，我感到很意外。阅读课上我们看杂志写随笔，过两天本子发下来了，老师给我留了一句话："努力，你也会成功的。"当时我真的很激动，是发自心底的高兴！他鼓励我了，我没有被老师放弃！看着那几个字，我都不舍得合上本，心里美滋滋的。

就是老师的这句话，让我下决心要调整自己，改变目前糟糕的状态，我想要回到"女 1 号"的位置上去。从现在开始，我会为了这个梦想而努力。

无论生活发生怎样的变故，我们都要以积极的心态面对，让更多的阳光照进心灵，让成长更顺畅，让未来更明亮。

倾诉时间：2009 年 12 月 6 日

倾诉人物：李琳

倾诉方式：网络

我收到了一封署名“李琳”的邮件，里面详细叙述了她的困惑。她生长在离异家庭。有调查显示，家庭的破裂，往往会让孩子遭遇常人意想不到的问题。离异家庭的孩子多表现出孤僻、多疑、敏感、自卑等性格倾向，需要人们给予更多的关注。然而李琳相比于其他离异家庭的孩子算是幸运的，因为她有一个全心全意爱她的母亲和一个对她倾注了爱心的继父。但是，父母离婚的阴影、童年生活的经历和她渴望完整家庭的心理，让她“扭曲”了家人的爱。李琳在网上只和我有过一次交谈，她问得最多的问题是：“我该怎样改变这样的心态？”我给出两点意见：一、要认定自己是个幸运的人，忽略父母离异对你造成的内心伤害。因为父母虽然离异了，但你并不缺少父爱、母爱，甚至比很多父母没有离异但家庭内“战火”不断的孩子还要幸福。很多人往往是自己对生活的认知有问题，才会被问题所困扰。二、要反思自己的心理问题成因，克服恐惧和障碍，接受继父，接受目前的家庭，尤其要感谢继父带给她的父爱。

李琳的故事告诉我们：无论生活经历了怎样的变故，我们都要以积极的心态面对，让更多的阳光照进心灵，让成长更顺畅，让未来更明亮。

Chapter 09
我想有个家

我今年19岁,上高三了。在学校里我算是听话的学生,为人随和,学习努力,老师很喜欢我,同学、朋友也都对我不错。我在学校里感觉很快乐,但是回到家,却是另一种感受。

我的父母在我6岁的时候离婚了,我被判给了爸爸,但是妈妈一直和我有联系,那时我在两边来回游走——有时跟着爸爸过,有时跟着妈妈过。

我的爸爸是个没有责任感的人,喜欢打麻将,经常彻夜不归。跟着他的时候,他经常半夜跑出去打牌,把我一个人丢在家里。那时我还小,一个人在家很害怕,经常看着电视就睡着了。有时我也跟爸爸出去,等着他结束牌局,等着等着,就在别人家的沙发上睡着了,然后也不知到几点了,迷迷糊糊地被爸爸叫醒带回家。放寒、暑假时,因为爸爸妈妈都要上班,没人陪我,我便在书店里消磨时间。就这样,我慢慢长大了。

后来,妈妈再婚了,我称我的继父为叔叔。叔叔有时带我去一些地方玩,给我买很多好吃的,我很开心。再后来,妈妈怀孕了,生了个妹妹。不知道为什么，妹妹出生的那一天，我在医院里不停地流眼泪，那时的我也就上小学二年级吧，没觉得自己想什么，可泪水就是止不住地流。看着叔叔和妈妈幸福的笑容，我有一种再次被抛弃的感觉。过了一段时间，妈妈和叔叔去了另一个城市，我留下和爸爸一起生活。一年后，爸爸也再婚了。

和爸爸生活的那段日子，我经常挨饿。他白天上班，晚上打牌，很少照顾我。他再婚后，继母对我很冷淡，虽然生活在一个屋檐下，我们之间却很少交谈。她和爸爸在一起说笑的时候，我觉得自己是个多余的人。妈妈听说爸爸再婚的消息后，经常给我打电话，她怕我受委屈，后来干脆提出让我到她那边去。

小学四年级时，我转学到妈妈所在的那个城市，和妈妈、叔叔生活在一起。在新环境里，我很拘谨，也不知道以什么样的方式与叔叔相处，总觉得自己和这个家庭格格不入，想到父母离婚又各自成家的事情就不高兴。叔叔对我很好，我想要的东西他差不多都会买给我，也很关心我。随着年龄的渐长，我的伤感情绪愈发浓烈，尤其是看到妹妹和妈妈、叔叔撒娇时，心里特别难受。叔叔不是我的爸爸，这里不是我的家，这种念头让我心无宁日。从这种感觉产生起，我就拒绝了所有家庭活动，当然，和妈妈单独在一起时例外。

我妈妈是个很好的人，她很爱我，我也很爱她，对她有强烈的依赖感，但我清楚地知道，她不属于我一个人。在家听到叔叔跟她讲些亲热的话，做一些亲热的动作，我的心里就很难受，情绪也变得烦躁。对叔叔的强烈排斥，让我在家时有种压抑感，情绪很不稳定，经常莫名地对妈妈发脾气。我不想伤害妈妈，却又常常让她难过。

对叔叔的排斥是我一个严重的心理问题，并不仅仅因为他是我继父。我初二那年的一个晚上，半夜里去妈妈房间，却看见叔叔和妈妈正在亲热。我装着因光线很暗什么也没看见，拿了本书就回了自己的房间。但是,怎么可能真的当作什么都没发生呢?那晚的事就刻在脑海里,怎么也忘不了。从那以后,我对叔叔特别反感,对妈妈和他的关系也很敏感。他用过的厕所我用时会觉得恶心;不能接受他光着膀子或者把衬衫扣子全解开出现在我面前;看见他和妈妈在一起心情就不好;觉得他素质不高,不是一个有文化的人……当然,我也想过他是我妈妈的丈夫,我应该接受他,可是,那种厌恶感怎样都挥之不去。我可以不跟他生活,可是我离不开妈妈,只要他跟妈妈在一起,我就失去了那种我想要的家的感觉。我经常和妈妈因为这件事吵架,我找一切机会离开家:初三那一年我在外面租房生活;上高中后,我和老师申请住校。尽管学校离家不过十里地,但我尽可能地不回家。放假必须要住在家里时就很郁闷。

了解我家庭情况的朋友都认为,我有那么多人关心还不能接受这个家庭,是我的问题。我要怎么说呢?那种强烈的孤独感,那种失去自己的家庭、从小就只能在爸爸和妈妈间“二选一”地生活、从没有和爸妈撒过娇,还有那种对成人间关系的恐惧,有谁会真正了解呢?我知道叔叔对我很好,可是我对他的反感和排斥已经到了极限,甚至成为一种病态,不能自控了。我不想做忘恩负义的人,可是每次一见到叔叔,我的心情就会变得烦躁。我想,我要么就更叛逆些,离开他们独立生活,要么就乖一些,目前这样,搞得大家都难受。这些问题我只能闷在心里,不能和妈妈说,因为我难以启齿。每次因为叔叔的问题和她争吵时,我只能委屈地躲在房间里哭泣,每次想起他和妈妈在一起的情景,我的心里都充满恐惧,一种难以名状的厌恶感反复在脑海里闪现。我找不到地方倾诉,哪怕是最好的朋友。她们和我一样年轻,对成人世界也有着困惑和不解,我不想给她们带去不好的影响。只有在学校时,我才会觉得心情比较开朗,把家里那些让人烦心的事暂时遗忘。

现在我上高三了，还有不到半年的时间就要参加高考了，我真的不想因为这些不良情绪毁了自己的前途。我想有一个完整的家，家里有自己的爸爸，自己的妈妈，我想像别的孩子一样快快乐乐、无忧无虑地生活。

高三倒计时，人生新起点。人生再也没有哪个时期能像高三这样专一地、单纯地、坚决地、几近固执而又饱含希冀地为了一个目标而奋斗。

倾诉时间：2010 年 1 月 20 日

倾诉人物：何采伦、陈曦、赵博远、史薪惠

倾诉方式：来稿

时光进入 2010 年，我的目光定格在 2010 年的高三考生身上——随着 2010 年的到来，他们真正进入到"高三倒计时"阶段。人生再也没有哪个时期能像高三这样专一地、单纯地、坚决地、几近固执而又饱含希冀地为了一个目标而奋斗。为此，我特别约请了几个在学海中奋战的高三学生，请他们讲述自己在"高三倒计时"的日子里真实的生活状态和切身感悟。

这些文字，记录的不仅仅是这几个人，代表的是所有高三考生的坚忍、执着和付出。这是中学时代最后的记忆，每一个日子都值得珍藏。高三倒计时，人生新起点，愿每一个高三考生在汗水中收获梦想。

Chapter 10
高三倒计时

何采伦　天津七中高三(1)班语文课代表，曾获迎奥运《作文通讯》全国中学生作文比赛二等奖；第五届中华情主题写作大赛铜奖；河东区"好书伴我成长"阅读创新征文比赛优秀奖等。

高三不败

教室里挂了倒计时的牌子，每天，那个数字的变化仿佛都针对自己。

毕竟，这是一场关乎自己未来的考试，我的 2010 年，因为高考而不同。

凝望着那个数字，曾经感觉那么遥远的高三，如今迫在眉睫，就这么真实地存在我的每一次呼吸里。高三果然是和别的年级不同的，虽然高二被称作"高三预备期"，但相差甚远。高三几乎没有空闲喘息，几场考试过来，半个学期已经匆匆逝去。

好像前几个月老师还在抱怨问问题的学生不够多，说我们没有忧患意识，不知道紧张起来，而现在已经不用再费口舌了——办公室里，一位老师跟前围上五六个人甚至排起长龙已不鲜见。教室里三三两两的小讨论随处可见。下课老师走了之后，还有几个同学站在讲堂上对着黑板上的某个图像比比画画……无法做到高一、高二时那样闲庭信步了，周遭的气氛足够融成一种敦促你向前的力量，而倒计时的牌子更是招摇得刺眼，像是生怕被谁忽略了一样被挂在班级里最显眼的位置上……

高三，步履匆匆，向着高考的日子迈近。哪怕多算一道数学题，多背几个单词也好，只想让自己没有遗憾——青春别留什么遗憾才好——就像好友在日志里说的那样："我不去强求多大的改变，只是每一天都能感觉到自己的进步，于是看到的阳光一天比一天明亮，那是希望的颜色……"是啊，每一天都能感受到自己的进步，那一定是个明媚的高三。

有人咒骂高三的暗无天日，其实暗淡的多半是自己的心。我有过这种感觉。当最拿手的科目一再失利时，无意中听到旁人的一句"失败是成功之母，可惜这位母亲流产了"，也会突然间泪流满面，泪流了很久都没有感觉，自己好像麻木了一样。我实在害怕那位"母亲"流产——让我伤心的绝不是一次考试的失败，而是看不到希望时的绝望和沮丧。"愈挫愈勇"实行起来并不容易。回家做试卷改错时会用指甲去按13克袋装的速溶咖啡，咖啡粉末微弱的叫声像是一双脚乱踏在北方的雪地中。

但是，当我重新站在这倒计时牌子下时，我没有时间再去沮丧了——再多的后悔或是彷徨，在倒计时牌面前都失去了效力。时间不会倒流。倒计时牌正不紧不慢地翻过一页又一页，告诉你正越来越迫近终点。"希望"不会平白无故地光顾哪个角落，是要靠自己争取的。

洗一把脸，我对自己说了很多遍：不要放弃！把泪水融化在洗脸水里，我只要明天的朝阳，我要它每一天都生机勃勃地照进我的小屋，温暖而有力量!

正如老师说的,走过高三的人都会长大。因为在这段坚持不懈的过程中,我们学会了奋斗和坚忍,在困难面前不再示弱,在昏暗之间寻找光明。从这个角度讲,我们每个人的高三都不曾失败——只要你用心走过。

陈曦　天津市杨村第一中学高三(15)班班长。廊坊市作家协会会员,廊坊市书法家协会会员,时代经济出版社《青少年文学殿堂》(诗歌卷)主编,《中华少年作家》特邀编辑。著有诗集《十四岁的天空》、诗文集《指缝里的太阳》。

行走在高三的光影中

咏叹调

高三那年我们走得太快,以至踏乱了岁月的行板。

昨天将近午夜12点的时候,手机突然开始发疯似的震动,李牧的一条短信彻底扼杀了我刚刚建立起来的三角函数模型。短信里的那句话撞击到我脆弱的神经:“请给我抓一把时间好吗,只一把,让我安静地听一听18岁心跳的声音。”

心情忽而低落。

在高三不言朝夕的日子里,我们奋战在论斤来称的试卷中,在厚厚的演算纸上“点燃”高考的烽火,竟然忘记了自己百合花味道的18岁。而高一时给自己设计的多姿多彩的成人礼,也是在学农基地飘散着洋葱味的大食堂里完成的,那些银碗里盛雪的闲情和鲜衣怒马的青春,都成了小说里默默饮泣的字眼儿,没有立足之地了。

还记得假期补课的时候,刚踏进异常阴森的高三教学楼便和款款下得楼来的李牧撞了个满怀，我竟然没认出他来，因为他引以为傲的“哥特式”发型被剪成了板寸。相互打量片刻后，我终于明白了高三的含义：“死去活来又死去，一切从‘头’开始。”回想起那些上课时偷偷照着镜子鼓捣刘海的时光，多多少少有些怅然。

我上高二的时候是极度蔑视高三生活的，而今我坐在高三的教室里，一遍遍地背着历史、政治题时，我才懂得了真正的高三生活是什么。高三就是高三，谁也别拿武大郎不当神仙，前面就是一片火海也得趟过去。

我设想过，如果给高三立个牌位，那将会有多少虔诚的学子和那些背后不是考生却胜似考生的家长一步三叩首地膜拜啊！当然，朝圣的队伍里也会有我，双手合十，神情凝重。

每个堆满试卷的夜里，我都会揉着肿胀的双眼听到高三的咏叹调，铿锵有力，声声不息。

花影乱

在高三深情的凝望下，就连小小的暧昧也成了高考的祭祀品。

在十七八岁的年华里，谁还没有点儿怦然心动呢？每天奔赴食堂的路上，看着高一高二那些搞着小暧昧的孩子们，所有高三的“叨疯战士”都会感到生活像冬日田野般荒凉。对于那些“月上柳梢头，人约黄昏后”的小情调已经无须偷偷摸摸了，因为它们已经在高考的呼唤下自然消亡了。没有人会再用饭后的时间和他或她闲庭信步，因为如果和试卷爽了约，丢的不是分，是前途。

用文艺小青年李牧的话来说，高三的男、女生显然已经超脱成了善男信女，达到了一种超然物外的道的境界。高三更像是一台流言蜚语净化器，有一种磁场无声地扼杀了所有的蜚短流长。

以前喜欢和李牧在华灯初上时在花园里溜达，因为灯影下的花儿们似乎更真实一些，褪去了白日里华丽的外衣，在夜晚时以素装示人，可惜无人欣赏。现在，我在离高三教学楼更近的小区租了房子，以节省每天耗费在路上的时间。不再路过花园，即使路过也无心赏花了，想想看，那里应该是花影凌乱吧。

高三这一年，暧昧消失了，却能更认真地看萤火虫在风里扛着月色摇摇晃晃地行走。是心静了吧。

思流芳

前两天和树郁去学生会把我们两个人的东西用麻袋统统打包搬回了家。两年了，对这间小小的办公室还是有很深的感情的，曾经和树郁在这里辛辛苦苦地规划各个部门的职能和具体分工，那时的我们真是意气风发啊！为了高考，我们舍弃了一切，那些风风火火的日子已经恍如隔世。

2009年的冬季文艺汇演是我高中阶段参加的最后一次集体活动了。树郁在主席台上宣布汇演开始的时候，我已经感受到了热闹中的荒凉。树郁拍着我的肩膀说："我们还是回班温书吧。"于是在礼堂沸腾的旋律中，教学楼里闪过我们两人斜长的影子。

现在，我已经习惯了不去检查自习课纪律和宿舍卫生的生活了，每天在教室里念着自己本已经很熟悉可就是怎么也记不住的课本。偶尔，会有高二学生会的干部找上门来要文件，那里，已经更新换代……高考于我们，就像是一张巨大的网，总想挣脱可又甘心被束缚。

赵博远　天津南开中学高三(12)班学生，喜爱文学、音乐、体育，曾任南开中学校学生会体育部部长。

高三断想

2009年冬至，从这一天起，一年之中最寒冷的日子来临了，而高三的学子们，也正在走过高三生活的严冬。

四个月前的场景仍历历在目。一群少男少女，怀揣着各式各样的憧憬，坐在了同一间教室里。周遭的环境依旧，当夏天的尾巴扫过秋天的额头时，空气中丝毫没有金戈铁马的味道。难道这就是我们的高三，毫无预兆，毫无端倪？

时间瞬间变成一头巨兽，不仅张开了血盆大口吞噬着倒计时牌上的数字，也伸出了利爪为我们撕去了高三神秘的外衣。转眼间，考试已成家常便饭，上次的试卷刚刚发下，未及唏嘘哀叹，下一次考试已不期而至。上课时不再有人昏昏欲睡或是“身在曹营心在汉”，只有“沙沙”的写字声和急促的翻书声。偶有几声咳嗽打破寂静，仿若石子投入波心。刚刚和秦皇汉武完成一次跨越千年的思想碰撞，就立刻掉进了圆锥曲线和平面向量的浩渺烟波。日程表上安排的任务永远没有尽头，只看一眼便会让人倒吸一口凉气。冬日的天空没有了色彩，只有我们和书本拉锯的声音，久久回响。

浩瀚的时光，渺小的我们，交集在这个时间与空间的罅隙，难道只是为了无奈地承受千篇一律的宿命？

当然不是。

隐约的，我又闻到了冬日里阳光的味道。嗯，它依旧是幸福的，只不过，有一点儿小小的急促。

难得的午休时间，和同学聊起高三后要实现的愿望。有人说要把书和笔记全部卖掉，有人说要背起背包到全国各地旅行，还有人说只想好好睡上一觉……高三的日子里，每当稍有力不从心时，未来就会是我们不竭的动力。每个人都有自己的理想和目标，如同越冬的种子，静卧于严寒之中，在这么多年辛勤的耕耘下，等待绽放出无限生机。

大课间时，学校组织我们在校园内长跑，跑步的路线刚好绕校园一周。我多么希望这样的长跑再多几次，那样，我就可以再多看几眼这个曾经收纳我青春的地方：音乐教室、食堂、教学楼、天桥、图书馆……它们让一个又一个即将远行之人细细忆想。我们无法改变早已注定的离去，却可以在离去之前，努力记住曾经的人和事。旅行的意义，不在于远方的未知，而在于一起守望的约定。

每个夜晚，当整座城市沉沉睡去，我还醒着，站立在高三的二等分点上。回头看去，身后是平淡却刻骨铭心的过往；向前张望，脚下是未知却指向远方的前路；左右环视，身边是一路同行的伙伴。高三的最后时光里，一切都变得令人留恋。

史薪惠　天津市汉沽一中高三(10)班学生，爱好写作，乐于助人。

忍冬

放假了，整座校园里只能看到高三学生的身影。上课时，偶尔会有校领导在教室外巡视，他们会透过门上的小窗口来观察里面学生的一举一动。坐在后面的同学偶尔抬起头就会被窗户上半张阴森森的脸吓了一跳。起初我们还对这种无时无刻不被监视的举动有过些许怨恨，久而久之，已经视而不见。

在此之前，高三生活被很多人描述，或痛苦不堪，或金戈铁马。我觉得高三更像一面镜子，在这面镜子里，你看到一个完整的自己：优点与缺陷，突破与极限，亢奋与焦虑，信心与疑惑，都鲜明地凸显出来，等待你一一体味。

其实高三并不是残酷得令人畏惧，只是我们困顿其中，对未来的迷茫与不确定令人有些惶恐难挨。我时常觉得，时日的艰难对于一个坚强的人来说不足挂齿，然而内心的焦虑却可能从内部将一个人彻底摧毁。由此我想到因为自身的坚忍而有着典雅别致称谓的忍冬。在严寒的朔风中，纵然叶片全部凋零了，忍冬遒劲的枝蔓仍然坚定地盘桓着，做出一种执着的守望的姿态，它会在来年春回之时，绽放出盎然的绿色。

如果说高三对于学生来说是一段漫长而严寒的冬季的话，那么无疑，我们需要成为风雪中的忍冬。

春节之后，气氛愈来愈紧张。讲台上老师的督促，家里父母的唠叨，一遍又一遍，听得我们耳朵里都长出了茧子。想到几个月后自己的命运将会被写在一张薄薄的纸上，我突然感觉，除了手中的笔，我握不住任何东西。

我坐在座位上，瞟一眼墙上的高考倒计时牌子，鲜红的三个数字“140”是那样刺眼。距高考只剩下 140 天了。再转过头看看前面的黑板，横横竖竖写满了密密麻麻的汉字、公式，就连角落里也写着“交鉴定表”或“交身份证、户口簿复印件”等带有高三色彩的提示语。仅有的课间休息时间也被老师们的拖堂占据得所剩无几。当然，即便是拥有了这短短的几分钟，我们也会以百米冲刺一般的速度完成诸如打水、上厕所这些琐事。更多的时候，我只看到同学们伏案时弯下去的脖颈和互相讨论问题时的严肃表情。

晚自习结束后，我总会慢吞吞地收拾书包，一是要错开涌出教室的人潮，再有是想要利用这几分钟想一想晚上要做的事。

等到我离开时，已经很晚了，就连上“晚晚自习”的住宿同学都已经从食堂打完饭回来了。通常寒暄几句他们就会重新坐到位子上边吃边温习功课了,一分钟都舍不得浪费掉,有的人甚至还因为过于专注而忘了嘴边盛满菜汤的勺子,以至菜汤滴落在课本上留下斑斑痕迹。我想,当他们若干年后翻开这些书本,看到这些遗留的油渍时,应该会想起这些个夜晚吧,那些印迹会不会像勋章一样令人怀念与自豪呢?

曾经在脑海中一遍又一遍幻想自己的未来,也曾趾高气扬地对想要掌控我一切的家人大声宣布:我会选择自己的人生,我不会走你们为我设定的道路。但是,我有什么狂妄的资本呢?毕竟,不是每个人都能成为自己想成为的人。

也许,梦想太过沉重,以至于我只能背负而忘了兑现,就连背负时许下的诺言都虚幻得令人无从下手。

我也遇到过学习上的瓶颈,面对持续低迷的月考成绩,内心饱受煎熬,痛苦无以言表。高三给我的压力和种种打击犹如冬天的海潮,漫不经心而又残酷地侵蚀着我生命的岸礁。

可是我从未放弃过。生活中有一些事情必须要以忍冬的姿态来默默承受,需要坚信风雨过后能见彩虹。

我拼尽全力。我累了。我流过泪。可是我仍然坚持。既然走在路上我就不会回头。

我相信,当我勇敢无畏地穿越这个漫长的冬季,必会寻到一个春暖花开的世界。

在高三倒计时的日子里,我抬头仰望蓝天,眼睛里有晶莹的泪,嘴角却是上扬的……

每个孩子都有禀赋特质，每个孩子也都有自己对生活的思考，他们丰富、生动、多彩的心灵世界，承载的是未来与希望。

倾诉时间：2010 年 2 月 5 日

倾诉人物：李闻天

倾诉地点：《天津中学生》杂志社

李闻天今年 13 岁，是天津市第 102 中学初一年级学生。他从小受父亲影响，喜好《老子》等中国古代典籍。小学四年级时，在一无老师、二无教材的情况下，靠自己不懈探索，他尝试创作出一种新体诗歌——儿童古诗，发表在《小作家报》《今晚报》《天津教育报》等报刊上。2009 年，他被天津市中华诗词学会破格接纳，成为天津诗词界第一位儿童会员。

李闻天有诸多头衔："写作之星""2008 年十佳文学新苗""校园诗人"……可我更感兴趣的是，他是如何迷恋上中国传统文化以及从中有哪些收获。虽然只有 13 岁，但李闻天给我的印象是大气、淡定、谈吐不俗。他自信，但不张扬；有思想，却又谦逊，对自己有着一种恰到好处的把握。交谈中，李闻天结合着自己的思考引经据典，我不住地点头赞赏。每一个孩子都有禀赋特质，每一个孩子也都有自己对生活的思考，他们丰富、生动、多彩的心灵世界，承载的是未来和希望。

Chapter 11
我在古人给予的营养中成长

和很多同龄人不一样的是，我从小就喜欢读《老子》，这是爸爸熏陶的结果。爸爸是南开大学毕业的高才生，喜欢阅读历史书籍，对中国传统文化颇有研究。我上小学二年级的时候，我的很多同学都忙于在业余时间上各种提高班，爸爸对此很反感。他觉得学生在德、智、体发展上，应该“德”为先，“体”第二，“智”第三，而中国传统文化有很多东西讲的就是如何做人，他让我有时间读一读这方面的书。爸爸问我：“中国古代先哲中你最想读谁的作品？”我反问道：“谁最大？”爸爸说是老子，老子是孔子的老师。“那我就读《老子》，我读了《老子》，和孔子就是师兄弟了。”我大言不惭地说。一个下雨天，爸爸去接我，兴冲冲地递给我一本《老子》。开篇第一句“道可道，非常道”就把我给蒙住了。很多字我都不认识，也不知道讲的是什么意思，句子很拗口，不知在哪里停顿，这就是《老子》给我的第一印象。爸爸买的是带拼音的书，不认识的字我就看拼音。他还要求我把《老子》背下来。开始很难，但是背着背着，我体会到了一种韵味之美，不再觉得艰深晦涩，反而从中体会出不少乐趣。

五千言的《老子》，我用了两个月的时间背下来，不明白句意，只是机械地背诵。后来爸爸给我讲《老子》的“玄牝、雌伏、虚空、柔弱、静笃、恬淡、无为、抱朴、守拙、绝圣”等词语的含义以及道法自然、一生二、二生三的关联，很多东西确实深奥，我现在也不很明白，只能慢慢体会。我想，老子一定是悟到了天地间规律性的东西，才写下这本书，却禁得住后人做无尽的研究。背完《老子》之后，我又读了《论语》《三字经》《古文观止》等。《论语》灌输的思想是以人为中心，强调人的社会性，具有现实意义，但我还是觉得《老子》写得好，那种好，是随着年龄的增长才能体味出的。因为有了这些古文的积淀，我开始试着写古诗。古诗词的特点是讲求格律，有一种悠悠的韵味之美，是现代诗歌远远不能比拟的。小学三年级那年的母亲节，我写了一首诗送给妈妈：“人之出生，父母照料，如有出使，万千叮嘱，虽是滴水之恩，亦是涌泉难报。”现在看来很是拙劣，但是妈妈很感动，爸爸也鼓励我继续写下去。我的古诗词在《今晚报》《小作家报》上陆续发表。《红领巾报》《求知报》《天津教育报》等都对我进行了采访，老师欣赏，同学羡慕，我成了班里的小“名人”。

在没有阅读古典名篇之前，我的学习成绩在班里排中下等，哪一科都不突出。读完这些经典名篇后，首先我的作文水平迅速提高，仿佛一下子受到了高人的指点，写什么样的文章都不犯难了。再有就是记忆、背诵能力加强，英语课文、语文课文不管有多长，我一会儿就能背下来。小学六年级时，我的成绩有了较大飞跃，考上了 102 中学。

因为背《老子》，我养成了读书的习惯。晚上吃过饭，姐姐、爸爸和我在各自的房间看书，妈妈在厨房忙碌。爸妈不看电视，也不上网，怕影响我们学习。在这样的氛围里，我的空闲时间就是看书、写诗。有人问我，总看这些东西，你会不会和同学谈不到一块去？怎么会呢，虽然我不看电视，不上网，对新潮的东西也不感兴趣，但是下课的时候我会听同学们说。女生聊非主流，男生谈网游，从他们的谈论中我也大致了解一些，也不觉得自己和他们有距离。《老子》告诉我，人要顺应自然，顺应时代的变化，如果只是孤立地读这些东西，不能把它们融入到现实生活中，是很难立足的。中国传统文化，必须和现实生活相结合才有生命力。

我的古诗发表后，有人说我是现代“儿童古诗”体裁的开创者。我所写的古诗，形式上和古诗词类似，但内容却是我现在的生活，既富古典韵味，又易懂、易流传。

然而，就像当年胡适创新诗遭到国粹派士大夫们的反对一样，我的儿童古诗一面世，也听到很多反对之声。诗词界的人说：“儿童应学写律诗才是正道。”但我认为，律诗较难，不适合我们写作。新诗派的人说：“儿童应学写新诗才是正道。”但新诗缺乏韵味，太长，不容易记。也有非此即彼派，一听说我的儿童古诗既不符合格律要求又不符合新诗特点，就一口咬定是顺口溜。爸爸一直希望我担负起“儿童古诗”的普及和传承任务，但是我觉得，古诗在现代社会不适合大家一起学习，也就不容易普及，反而是推广中华传统文化，更有现实意义。

中国传统文化中的精髓是取之不竭的，我想通过我的努力影响一部分同学热爱国学，认识中华五千年文化的内涵。这几年国家提倡在中小学普及国学教育，国学热兴起后，《论语》因其“人人关系”的现实意义而受到追捧，不过我更想让人们了解《老子》。《老子》的宇宙本源学说、重视人的自然性、以道为至高存在、展现宇宙视野的深奥思想，还没有被更多人认识，但《老子》是中国传统文化的一个制高点，其思想具有世界性意义，理应受到推广。《老子》的深刻思想，我虽然现在还不能完全理解，但它对我的影响会随着我年龄的增长而凸显。不管是《论语》还是《老子》《庄子》《孟子》，我都希望有更多的学生能静下心来学习，并从中有所收获。

上初中以后，我的学习任务加重，七门主科都要兼顾，没有太多的时间读书和创作了。我也暂时不想让它们占据我太多的精力，毕竟对我来说，学习是主业。而且上初中后，我觉得做人、做事都要低调一些，小学时经常做的事，上初中要缓一缓，老子说“物极必反”，弓拉得太满，有时会适得其反。

我非常感谢爸爸对我在阅读古文方面的引导。读古文需要一种悟性，读多了就会帮你培养这种悟性。佛家讲究慧根，实际上说的就是悟性，阅读是开启悟性的钥匙。

如果说读古文对我还有什么益处的话，那就是我开始喜欢站在不同的角度思考问题。“横看成岭侧成峰，远近高低各不同。不识庐山真面目，只缘身在此山中。”人因为所站的立场不同，所看到的事物、风景也不一样，这首诗把这个意思表达得淋漓尽致。阅读古文使我受益无穷，我要把从中学到的精神、思想、营养充分吸收，积蓄力量，让自己在各方面都得到发展。

找找找朋友，朋友是快乐日子里的一把吉他，尽情地为你弹奏生活的愉悦；朋友是忧伤日子里的一阵春风，轻轻地为你拂去心中的愁云。

倾诉时间:2010 年 5 月 30 日

倾诉人物:梁若凡

倾诉地点:天津水上公园

梁若凡是个漂亮的女孩,身材修长,文静温婉,第一次见面我就喜欢上她。但是,坐在我面前的这个漂亮女孩,却一直微蹙眉头,叹息着和我讲述心中的苦恼。她的苦恼来源于上高中后,突然发现同学关系变得很复杂,她仅有的一个知己,也和她越走越远。一方面渴慕亲密无间的友情,一方面觉得同学之间的关系不再单纯,她陷入了苦恼。她说得最多的一句话是:“学习和人际关系比起来倒显得简单,一努力就上去了,为什么人和人相处那么累呢?”

在两个小时的时间里，我一边听她倾诉，一边讲明自己的看法。我把自己对她讲过的话总结在这里,告诉所有纠结于人际关系的中学生朋友:问题很常见,办法很简单。

1.中学阶段是一个讨厌孤独、渴望友情的阶段。朋友虽然重要,但对大多数中学生来说,因为不会处理人际关系,能交上一个知心的朋友并不容易。

2. 交友首先应该摆正自己的心态，要看自己能为朋友做些什么,而不是朋友能为我做些什么。正确的交友心态是:我对别人好,别人才会对我好;我的友情是付出的,而不是索取的。

3.面对好朋友必须心胸宽广,要大方、大度。怀着一颗坦荡的心和朋友以诚相待,朋友也会如此对你。

找找找朋友,朋友是快乐日子里的一把吉他,尽情地为你弹奏生活的愉悦；朋友是忧伤日子里的一阵春风，轻轻地为你拂去心中的愁云。愿每一位中学生朋友都能在友情的滋养中健康成长。

Chapter 12
找找找朋友

我从小就喜欢上学，在学校里和那么多同龄人在一起，感觉非常充实，我希望跟所有人保持友好的关系。但是，上高中后，我发现同学之间的关系不再像以前那样单纯，同学们不像我期望的那样亲密无间。我最在乎的一个朋友，也对我表现出无所谓的态度，这让我感到难过。我开始觉得自己窝囊，哪儿都不好。看到有些同学能够游刃有余地处理人际关系方面的问题，我很是羡慕。

说说我的家庭吧。家里就我这一个女儿，爸爸妈妈很宠我，只要我有要求，他们都会尽量满足我。在奶奶家我也是最小的一个孩子，上面有几个哥哥，对我都很照顾。小时候，谁若欺负我了，哥哥们闻讯就会出面替我撑腰。就是现在这么大了，有时和他们出去，还赖着让他们背我下楼呢。可能也是这方面原因，我的依赖感很强。上高中后，特别希望有个形影不离的朋友，分担学习生活中的点点滴滴。我有一个好朋友，是高一时交下的。虽然高二文理分班后我们不在一个班了，但只要有时间我们就凑在一起。刚开始时，我特别喜欢她，谁知道一年下来，就慢慢疏远了，彼此之间再不会把真心话和对方说。

我这个好朋友长得很漂亮，家庭条件也特别好，爱说爱笑，同学都愿意和她交往。我喜欢她，觉得她性格好，但时间长了，发现不是这样的。她有点儿霸气，经常表现出谁都看不上的意思。和她在一起时，我说的话，她从来不会赞成。任何一件事情，只要涉及看法，我说的就是错的，她说的才是对的。我们在一起，我帮她打水，帮她干这个干那个，她都觉得理所当然。最让我受不了的是，我在她那里从来得不到认可。她对我的一些事总是抱着无所谓的态度。我有高兴的事和她说了，她会说："至于吗，这才多大点儿事！"我有不高兴的事和她说了，她会变相地说我事多。如果我们之间有一些言语上的冲突，我不高兴了，当时她看似有些不安，但过后她会表现出"你怎么想，跟我没什么关系"的态度。做课间操一般我们都一起去，有一次老师拖堂，我下课再找她时她已不在了。在操场上看到她和别的同学聊天，我也没多想，就过去拍她的肩膀，说："你怎么也没等我一会儿呢？"她回了我一句："我凭什么等你啊。"我感觉就像被人迎头浇了一盆凉水，立刻扭身走了。她平时和我说得最多的一句话就是"我凭什么啊"，这让我特别无奈，这让我想要掂量下这个知己的分量。我们的关系由此慢慢变淡了。

没事的时候，我会翻来覆去想这些事。班里的同学都有伴儿，我也想有个形影不离的好朋友，有高兴的事或烦恼的事都能和好朋友说一说。我想过在班里再交一个朋友，可是总感觉别人已经组好的圈子，我插不进去。课下有时见几个女生聊天，我也凑过去，可她们一见我便突然不说话了，用一种奇怪的眼神看着我。那时我就讪讪的，觉得自己是个多余的人，我觉得别人不喜欢我插进她们的圈子。更让我奇怪的是，看似关系很好的女生，在背地里互相说彼此的坏话，这让我失去了和她们交往的兴趣。难道朋友关系就是这样的吗？表面一套，背地里一套,想想都觉得没有意思。

我特别在乎生日,同学过生日,只要我知道,都会送礼物或发短信祝福,但我的生日是在暑假,没有礼物不说,连同学一句祝福的话也没有。我难过、郁闷,我那么在乎他们,他们怎么都不拿我当回事啊?我不是说我对谁好,谁也要对我同样的好,可是最起码他们心里得有我啊!

有时,我也想是不是自己的性格有问题。我敏感,心思重,别人说什么话,我总往自己身上联想,爱对别人察言观色。朋友一不高兴,我就想是不是因为我的原因。如果是因为我,我会有很深的愧疚感,不知道怎么和人家解释才好。我在乎朋友,一觉得和谁关系好,就恨不得课外的时间她只属于我,不会把握相处的尺度。

我性格中还有特别不好的一点是,如果因为我的问题而让朋友伤心了,我从来不好意思和人家道歉,觉得道歉的话说不出口。有好几次,我意识到了因为自己的口无遮拦,同学在生我的气,走到她跟前,想道歉,可心里又说不行,来来回回走了好几趟,最后又回到座位上。唉,真是死要面子活受罪啊!昨天发生的一件事,让我思考了很多。第一节课,老师因为生病没来,班长走到讲台上告诉大家上自习。他讲话时我正和后面的同学说事儿。班长平常挺随和的,可当时不知怎么了,冲我嚷道:“你有完没完?别说话了!”说完还瞪了我一眼。我特别生气,就站起来和他理论了两句,然后气呼呼地坐到座位上,不停地用笔戳本子,本子掉了,也懒得捡。这时,班长走过来帮我捡起来,我的气也就消了,课后我们又开始说笑。要是班长不和我说话,我是绝对不会和他说话的。通过这件事我意识到自己的问题了:有事憋在心里,不会和人家沟通。像我这样,一点儿处理人际关系的能力都没有,将来怎么办呢?即使有再多的学问,又能做什么呢?找找找朋友,我多么渴望有好朋友陪伴左右,开心时一起分享,忧伤时一起分担……

成长是对生活探索的过程，经历着，思考着，答案也在其中一点点清晰明朗开来。

倾诉时间：2009 年 9 月 12 日

倾诉人物：吴亚楠

倾诉地点：天津市和平区中心公园

写吴亚楠的采访稿我一直很犹豫要不要发出来，缘由是她当初找我的时候，只是想聊一聊，并不想让我把她的讲述变成文字。2009 年盛夏，她与我第一次通电话，说她喜欢“倾诉”栏目，那些同龄人的经历和感受真实、亲切，仿佛就是她自己的所思所想，也由此觉得主持这个栏目的人是一个可以信赖的人。她想和我见一面。

在中心公园的长椅上，吴亚楠滔滔不绝地讲述上高中以来自己对生活的感受。她说，对生活的思考让她变得迷惘，甚至不知道未来该怎样走。

“我的生活为了什么？”这是吴亚楠的疑问，也是我无法用三言两语回答的问题。青春期情感的迷惘与人生的思考，是每一个人都要经历的，对生活的探索由此开始。成长是对生活探索的过程，经历着，思考着，答案也在其中一点点清晰明朗开来。我告诉吴亚楠，生活中的美好有时会被阴霾掩盖，但它从来丢失，一直就驻在自己心里，任何时候都要坚定这个信念。成长岁月里曾经的迷惘和困惑，若干年后再回头看，都会变成一种收获。生活就是这样，由简单变得复杂，再由复杂回归简单，在两者的磨合转换中，我们就长大了。

Chapter 13
我的生活为了什么

我在一所重点中学读高中。别人一听这所学校的名字就很羡慕，但是我当初入学的分数不够，是父母花钱办的借读。我所在的班也有些特殊，大部分同学家里都有背景，所以，教我们的老师都是学校最好的老师。

在这个班已经一年了，我觉得自己过得并不开心。很多事情让我觉得生活和以前比有了很大的不同。这让我思考，我们从小被家长逼着努力学习，考重点校，为的是什么呢？

我上初中时有一大群好朋友，那所学校虽然不是市重点校，但同学关系很好，很亲密。直到现在，初中同学见了面，也让我感到亲切。现在这个班的气氛就不一样了，松散、冷漠、不团结，每个人只顾自己，班干部形同虚设。没有人在本班交朋友，一下课，同学都去别的班找自己的好朋友。中午休息时间，班里也没有几个人，留下的，要么睡觉，要么自己学习，反正不会互相交流。一些学习好的同学表现得更是特立独行——独自去吃饭，独自去教室温习，向他请教问题，从来都是一副爱答不理的表情，生怕别人学会他懂的东西似的。偶尔有同学向你表示下亲近，也让人觉得是带了功利心的，不是有事求你，就是跟你套话，看你父母是做什么的。一开始我特别接受不了这种事儿，觉得没意思。是不是高中生活就是这样呢？人越长大，就变得越复杂。复杂真的很可怕。

后来我仔细观察，发现我们这个班同学确实和别的班同学不同，主要因为大部分人家境好，有优越感。我们班主任是“80后”，研究生毕业，教学不错，但是管理这个班很吃力。他和我们的隔阂是，他来自小山村，家境贫穷，自己靠刻苦学习上了大学，有了在大城市立足的机会。话里话外，他看不惯大城市孩子的优越感，总和我们说：“人生要靠自己去奋斗，真正有本事的人有几个是靠父母的呢？”我们对他的观点不太接受，觉得他的认识太狭隘，自己内心有自卑感才会这样看我们。所以，他管不住我们，这也是我们班涣散的根由。

我们班学生和其他班比算特殊的，但这所学校的学生本身就是特殊。因为学校有名气，所以学生普遍有优越感，看不起普通校的学生。在这里生活一年，我发现自己也有了这样的想法。和初中同学见面，即便感觉亲切，也谈不到一块去了，所说所想，相差太远，难道真的是“层次”不一样了？这所学校学生之间也分为两派，一派上初中时是外校学生，凭着优秀成绩考进来的；另一派上初中时就是本校学生，成绩好，家里条件优越。两派学生也互相看不起，甚至会打架。外来生觉得本校生就会花钱，属于纨绔子弟；本校生觉得外来生除了会学习什么都不懂，是典型的书呆子。像我这样来自于外校、成绩又平平的，属于被忽略的中间派，和哪边都站不到一块儿去。

这所学校的学生都有一个共同点，就是看不起学习差的同学。他们都是靠过硬的成绩才进到这所学校，大部分人将来也是奔着全国最好的高校去的，对未来的打算不是读硕士、读博士，就是出国留学。他们有“牛”的资本。我的成绩在班里属于中等，如果在全校排名，就靠后了。在学习好的同学面前我有自卑感。我想,不仅我有这种感受,别的成绩一般的同学也会有这种感受。因为这样的感受,我过得并不开心。有一段时间,我特别怀念初中同学,虽然他们没有显赫的家世背景,没有可炫耀的成绩,可他们有单纯的思想。见到我,他们离着老远就会跟我打招呼,嘘寒问暖,和他们在一起,我感到快乐、温暖。

我有很多想法不愿意和父母交流。他们虽然给了我最好的生活条件和学习环境,但我觉得他们并不了解我。他们总把我看成是一个未长大的孩子,可我已经没有孩子那样单纯的心思了。很多事情我都会问自己为什么——这件事为什么会这样?我为什么要干这件事?在这样的思考中我变得成熟了,但这样的成熟也让我远离了快乐和单纯。

我特别希望自己能有个知心朋友,和父母不能说的话,我可以和朋友说。但是我感觉上了高中后,交朋友,特别是交知心朋友,并不简单。朋友分几种,一种只是在一起说说话而已,思想上的东西从不交流;第二种是说话,也交流思想,但彼此觉得不是一路人;第三种是彼此谈得来,从不藏着掖着,有什么事主动帮忙,这样的朋友才是我可以交心的朋友。现在有一个同学和我关系挺好的,不是我们班的。本来每天上学我可以直接坐车去学校,但为了陪她,我早晨特意早出来20分钟,到她家楼下等她,然后我们一起走到学校。和她在一起,我感觉心里很温暖。我的朋友虽然不多,但能有一个知心朋友,我已经很满足了。

我曾经特别想提高自己的学习成绩,不管是从父母的良苦用心方面考虑,还是从我内心想在同学中找到自己的位置方面考虑。这个学校的老师讲课方式不同于别的学校,是以引导学生学习为主,如果平时不预习,根本听不懂。比如,课本上的基础知识,老师在课上只讲10分钟,其他都是扩展的知识,学习吃力的学生,只能自己想办法,或是自己恶补不会的知识,或是在外面上补习班。上学是唯一的出路是这个学校很多学生的共识，尤其是学习好的同学，他们除了学习，别的事情什么都不干。有时我们谈论一些歌星、影星，他们完全不知道，似乎和生活脱节了。也有学习好、活动能力强的学生，他们在学生会任职，但是一到高二学习任务重的时候，他们就会放弃学生会的工作，全身心投入到学习中去了。

虽然这么想提高成绩，为自己争得一个好前程，但我没有长性。很多事情设想得很好，一旦实施起来，坚持不了多长时间。我曾经想每天定量背些英语单词，但坚持不到一个星期就放弃了。学自己喜欢的学科还行，如果是不喜欢的，就会左顾右盼、东张西望，根本静不下心来学。

我们每天下午四点半放学，有充裕的时间自己支配，怎么学，完全靠自己。我常常坐在书桌前想，我的生活为了什么？人这一辈子，到底该怎样活？什么是活得好？什么是活得不好？活得好的标准是什么？我要把这些问题想清楚，我希望我的未来能够随着答案的显现明朗开来。

梦想的实现，在于勤奋，在于执着，更在于目标的明确。

倾诉时间：2010 年 6 月 12 日

倾诉人物：姜姗姗

倾诉地点：《天津中学生》杂志社

2010 年 6 月 8 号，是高考的最后一天，我心里忐忑着，惦记着所有熟识的参加 2010 年高考的学子们。转天上午，我给姜姗姗打电话询问考试情况，电话的那一端传来她异常兴奋的声音："我考取中央美术学院了。"喜悦瞬间充盈了我的全身。当别的考生还在为估分、填志愿而焦头烂额时，姜姗姗提前跨入了梦想的大门。这个貌不惊人的瘦弱女生，用一支画笔，饱蘸五年的刻苦勤奋，画出了梦想中的绚丽舞台。她的故事，是众多高三考生的一个模本。整理出来，是为了告诉为未来而努力的孩子们：梦想的实现，在于勤奋，在于执着，更在于目标的明确。

Chapter 14
关于梦想的一场豪赌

高考结束那天，学校通知考生晚上到班里估分。我估了 520 多分，总算舒了一口气，我肯定被中央美术学院录取了。我是新华中学 2010 年唯一的一名艺考生，专业考试在今年 3 月就已经完成。4 月初，我在同一天收到了清华大学、解放军艺术学院、中央美术学院的专业录取通知书，那个兴奋劲儿就别提了。只差文化课成绩了，只要高考分数达到 400 多分，我就能被美术院校的老大——中央美术学院录取。但是当时，那份激动的心情生生地被我按捺下来。估完分后，马上就有同学趴在课桌上哭了。我去上厕所的时候，也听到有别的班女生躲在厕所里痛哭。看她们那样，我心里真不好受。对于高三学生来说，高考失误，意味着一切努力化为泡影。而我，在高考前，也曾担心自己会落得这样的结局。毕竟，为了我的画家梦想，高三九个月里，我没在课堂上和同学一起学习。现在想来，这样的举动就像一场赌博，是一场关于梦想的豪赌。

我从小就喜欢画画，完全是耳濡目染的结果。我的父母都是天津美院的毕业生，以画画为生。我正式学画是在上初二以后，天津美院有教授办了个画室，招收美术学员，他和爸爸认识，于是，我成为了那个画室里最小的学生。

初二、初三两年，每到周六、周日，我都会去画室学画，从早上 9 点一直画到中午 12 点。那时没有别的想法，完全是出于对画画的喜欢，从画立方体、圆锥开始，然后画石膏像、头像。上高中后，我对未来的方向渐渐明确：我要上美院，将来当一名职业画家。但是，这个想法首先就遭到了妈妈的反对，她说考美院没有几年复读考不下来，这个职业太苦，出名成家的概率微乎其微。我没有和她就这个问题争执，只是告诉她，为了提高我的绘画水平，我每天晚上也要上绘画课。从高一开始，每天一放学，我是第一个冲出教室的人。画室离学校远，坐车需要一个多小时，我得分秒必争。

我的同学都知道我喜欢画画，但谁都不知道我在外面上绘画课的事，我从没跟任何人提起过，因为距离梦想的实现还很遥远，我不想把一切提早公之于众。高二文理分班时，擅长理科的我为了考美院选择了文科，这让我的同学和老师很是不理解。班主任找我谈话，她不明白我为什么做出这样的选择。我没有告诉她我的真实想法，只是一个劲儿地冲她笑："我想学文啊。"最喜欢我的数学老师听说我学文科后，动员每一个科任老师劝说我，说是挺好的一个理科苗子，怎么关键时刻就糊涂了呢！但我上美院的决心已定，怎能回头?!

因为学画，高一、高二两年的学习我都不得不做出取舍。平时作业尽量在学校完成，平日晚上、周末、寒暑假时间专属于画画。有些学科的作业我会不写。像数学，只要老师课上讲过的题，再留作业我就不做。所以，我给老师的印象是：聪明，但学习不踏实。

2009 年升入高三的那个暑假，专业课的压力迫使我不得不做出一个选择：放弃文化课学习，全力以赴投入到画画中，迎接 2010 年 3 月的专业课考试。

暑假补课的第一天,我和班主任说了我的想法。班主任张着嘴半天说不出话来,最后一个劲儿地摇头说:“你考美院行吗?咱们学校没有高三学生停课的先例啊!”我等不及她的批准了,毅然决然地奔向画室,开始一天十几个小时的画画生活——置之死地而后生,我把自己逼上了绝境。

画室里有二十多个备考的学生,除了我,全部是复读生,而且不止一年复读。有一个女生,从我初二那年在这学画画起,她就是高三复读生,每年都复读,每年都落榜,她让我看到艺考道路的残酷。

我每天在画室里一待就是10到11个小时,从画头像、半身像等基本功练起。开始的时候,教授认为我是小孩儿,会坐不住,但事实证明,我是所有学生里坐功最强的。我对自己的要求很高,别人画一个小时,我要画两三个小时,甚至更长时间,手臂和肩膀因为过度劳累而常常酸痛难忍。

学美术的人练的是一种内功,这种内功,不单指画画技巧,还指一种思维方式,挺抽象的。比如观察方式,看见一个事物,怎样表达才体现强烈;比如敏感度,对颜色冷暖的对比把握是否到位;等等。这需要一种悟性,而且越是画到较高层次,越反映出悟性的重要。我特别讨厌别人说:“学画画的人都是学习不怎么样的,考重点大学根本无望才画画。”其实这种说法是错误的,文化课如果学得不好,根本就学不好画画,因为画到一定程度,就需要有悟性帮你提高,没有悟性的话,水平长进不了。这也是让很多学画的人感到苦恼的地方。

画了这么长时间,感觉进步是一瞬间到来的,中间的过程特别痛苦和漫长。画画不同于别的学习,只能靠自己的内功去研习、领悟。越画眼界越高,画完的画总是不满意。那种画面上想改却改不掉的错误,能把人折磨死。我画头像时,画出来的轮廓怎么看怎么像猴,没人样儿。老师每天就说一句话:注意主体,别太强调颧骨什么的。可他又说颧骨要准确。我一遍一遍地画，6个小时画一张，不满意再重画，画了三个月都不见长进，感觉快要疯掉了。但是，突然有一天，我画的颧骨往后走，五官突出了，有人样儿了。我终于突破了这个瓶颈，绘画水平一下子有了飞跃！

画画最重要的是有自己的风格在里面。有的学生临摹水平很高，但缺少特点和灵性，这种匠气太浓的学生不会有更高的造诣。我从一开始学画的时候，就不应试，不是说专业课考什么，我才画什么。素描、风景、油画等等我都画，这样的好处是，我的画风特别强。像我这样带有自己的画风、基础还不是特别牢靠的应届生，也比没有自己的画风、只是临摹水平高的复读生受教授青睐。

九个月全身心的投入换来的结果是，我的专业成绩在全国上千名艺考生中排第49名，我被中央美术学院等多所院校录取了！更令我自豪的是，中央美术学院应届的录取率只有2%，今年所录取的50多名考生中，我是唯一的应届生！

专业考试结束后回到学校，离高考只剩下两个多月了。我像一个不合时宜的人突然降临，感觉到了来自同学、老师方面对我隐隐的排斥。班主任的办公桌上摞了一厚沓我的请假条，因为学校不准我歇假，爸爸在这九个月里不得不每周写来假条。班主任见到我说："你不会再不来上课了吧？你可怎么办呀？我就求你不要给咱们班拉太多的分！"曾经最喜欢我的数学老师也不爱搭理我了，一看到我做不出题来，就恨恨地说："别人都复习完两轮了，你怎么补啊？"回来一个星期后，是一模考试，我考了400多分，比原来的成绩下降了二十多名，但不是班里成绩最低的，还有十几名同学排在我后面，结果，他们都不理我了。那段时间，我觉得做什么都不合适。每天下课没人和我说话，我只能坐在座位上看书。我理解老师的心情：一个原本学习挺好的学生，在最关键的时候突然九个月不来上课，他们认为我在"作"，真的生我气了。同学们的态度我也能理解:那样激烈紧张的高考氛围,九个月没来上课的我,成了他们眼中的异类。但是他们都不理解我,在这九个月里,我背负的远远比他们沉重。一方面,我要应对专业考试,而专业考试竞争激烈,录取率很低;另一方面,我还要应对丢下的文化课,因为文化课通不过,我的全国重点美院梦想也会成为泡影。

两轮复习没有参加,我和同学的差距很大,光是英语、语文、地理、历史需要背诵的内容,我就无法在剩下的两个月内完成。我把每一科的课本大致翻了一遍,结合以往的高考内容和自己所余的时间,确定了突击重点、掌握主要知识点的目标。那些边边沿沿的知识,我只能放弃,我不认为高考这么重要的考试,会把那些知识作为考核的重点。

高考结束了,我终于实现了自己上美院的梦想。同学敬佩我,老师表扬我,但我不觉得自己有什么特殊的,紧张的日子就这么一天天过来了。如果说我和别人有什么不同的话,那就是我比别人更早地树立了目标。为了那个目标,我用勤奋作赌注,无论付出多少我都愿意。

人不轻狂枉少年。孩子的健康成长，比家长的面子更重要。

倾诉时间：2010 年 9 月 8 日

倾诉人物：青衣江中水

倾诉方式：网络

青衣江中水是我的网友，得知她在国外读研究生的儿子上中学时曾有过一段“离经叛道”的经历后，我想和她的儿子聊一聊，但是因为地域的原因，这个愿望没有实现。可是，他的故事我舍不得放弃。思考很久后，我把青衣江中水在博客中写的文章进行了整理和修改发表出来，这些文字，也许能带给人们更多的思考：该如何培养孩子成才？

Chapter 15 从离家出走到考上北大

因为上小学时跳级，我13岁便上了高中。初中我就读于北京市一所重点中学的实验班，中考时因为发挥失常，不得不回到我爸供职大学的附中，这是一所普通高中。高一开学没多久，我就不想上学了，我爸决定让我休学。让我休学主要考虑到两个因素：一是当时我特别厌学；二是我爸对学校总请家长的做法特别反感。我上初二的时候妈妈就到国外工作了，爸爸自认没有更多的精力去管我，主要还是不愿意因为请家长和老师发生冲突。

按理说，像我这样的孩子是不应该产生厌学情绪的，因为我学习一点儿都不吃力，而且成绩一直很好，可是我确实厌学了。我厌学情绪的产生和初中时在学校的处境有很大关系，而我的处境又和当时的班主任有着千丝万缕的联系。

上初中时，由于我经常不写作业，老师也就经常请家长，爸爸为此很伤神。其实，我的学习成绩很好，只是有时不完成作业，老师动辄就往思想品德方面联系，让我特别反感。后来，我经常对别人说，进重点学校不如遇到一个好老师，因为对这个年龄的孩子来说，老师的关爱和开明比传授知识更重要。

我当时厌学情绪非常严重，每天坐卧不宁，心一点儿都静不下来，天天不是偷着看电视，就是偷着玩游戏，还经常跑到我们家附近商场顶层游戏厅里去玩儿。

休学的前半学期，尽管爸爸会给我留一些任务让我完成，比如看看书、背背英语单词什么的，但我基本上是在和他玩“猫捉老鼠”的游戏。只要他一出门，我马上就把电视打开。为此，他愤怒得把电视机的插头都剪了，但他一走，我总是想尽办法把插头接上继续看。估计爸爸快下班回家了，我会把毛巾弄湿了搭在电视上降温，以免被他发现我看过电视。为了把爸爸的笔记本电脑从密码箱子里弄出来玩游戏，我硬是用螺丝刀把密码锁给撬坏了。在家期间，我看了无数的港剧，时至今日，对香港影星依然如数家珍。我的所作所为让奶奶备受煎熬。每当爸爸不在家，我就成了老大，不管奶奶怎么说，我就是不听。当爸爸问奶奶我的表现时，奶奶又不敢告状，她怕孙子挨打，怕我恨她。

我和爸爸最严重的一次冲突是，在他发完火后我离家出走了。爸爸当时都急疯了，打车在外面转了一整夜，几乎找遍了我家周边的学院区和全北京的主要街道。临近中午，就在他准备报警的时候，我回家了，因为身上没钱，又没吃早餐，肚子饿得受不了，只好回家。爸爸问我晚上去哪儿了，我的回答差点儿把他气个半死。实际上，那个晚上我根本就没出大学的校园。从家里出来后，我到了学校绿地的土山上，找了个平整点儿的地方躺了下来。原本想等爸爸的气消了再偷偷溜回去，可没想到躺在地上睡着了，等我冻醒的时候已经是早晨5点左右了。我怕那个时候回去会吵醒爸爸和奶奶，所以，临时决定去天安门广场看升旗仪式。因为太早，又怕路上的巡警盘查，我一直骑车走胡同。胡同里灯光昏暗，把我吓个半死，以后打死都不敢晚上出门了。看完升旗仪式后，我又骑车到西单图书大厦去看了一上午的武侠小说，饿了，就想到回家了。非常具有戏剧性的是，我和正准备出门再次寻找我的爸爸在大学门口碰上了。看到我回来，惊魂未定的爸爸什么也没敢说，马上把我带到餐馆暴吃了一顿。

我离家出走一夜未归，我爸始终没敢给我妈打电话，直到我回家了才告诉她。知道我离家出走后，妈妈忍不住大哭，当时在电话里就对着爸爸狂吼："如果你把我儿子弄丢了，我一辈子都不会原谅你。"爸爸对此非常后悔，而且后怕，发誓以后再也不会打我了。

到现在我还常拿这事和爸爸开玩笑，说躲在暗处看他急得四处找我觉得好笑，离家出走回家没挨打，还有好吃的，应该多来几次。这当然是笑话，我是真的没胆儿再离家出走的，我是怕事儿的孩子，而且我也舍不得这个温暖的家。

休学后的寒假，我和爸爸一起到新加坡看妈妈。爸爸待了没多久就回国上班了，剩下我和妈妈独处。这是我第二次和她独处，第一次是因为爸爸到美国去做访问学者。在我和妈妈独处的这几个月里，为了让我重新对学习产生兴趣，妈妈不知费了多少心思。

首先，她带我去参观新加坡航空展。那一年我不到 14 岁，按照新加坡航展的规定根本进不去。为了把我打扮得成熟一些，妈妈现给我买了一件牛仔衬衣，谎称我已经 16 岁。安检要求出示护照，我确实不知道需要验护照，所以没带。最后，安检还是让我们进去了。那年的航展让我特别受益，因为我很喜欢飞机，对军事科学和战争史都很感兴趣。在航展会上，我亲眼看到了当时世界上最先进的军用飞机——美国产的阿帕奇直升机，还有欧洲最新式的飓风战斗机，而且还登上了飓风战斗机的驾驶舱。在樟宜机场，我们还观看了法国、英国、澳大利亚和新加坡空军的飞行表演。新加坡当时用于表演的飞机全部是 F116，这些表演很震撼。看展览回来，我在网上查阅了大量航空科技发展的相关资料，直到现在，我还能说出各种战斗机的主要技术参数。

其次,妈妈带我到新加坡科技馆参观。在科技馆,我和当地的孩子一起互动。我已经初中毕业了,基础知识要比同龄的孩子懂得多一些,所以,和他们互动我感到很有自信,兴趣浓厚。我还去了新加坡国立大学和南洋理工大学参观。尽管我家就住在大学校园里,可和新加坡大学的校园比,差异还是很大的,特别是图书馆里的设施,即使是现在的北大、清华也难以与之相比。

妈妈带我去的最多的地方还是公园。圣陶沙、武吉知马山、东海岸、花芭山,我们去过很多次,一方面锻炼身体,另一方面妈妈非常希望我能兴奋起来。我们还到电影院看了很多电影。当时国内的电影院与国外有很大差异,进口大片不多,也没有环绕音响,所以,在新加坡看的电影我都特别喜欢。

在每次外出活动的时候,妈妈都会不失时机地和我讨论一些我感兴趣的话题。我们之间的话题很宽泛,天文、地理、军事、历史、文化,上下五千年,纵横八百里,就是不谈学习。妈妈和我谈话非常平等,不太把我当孩子,而是当朋友。所以,很多心里话,我比较愿意和妈妈说。慢慢地,我的心开始安静下来,可以在妈妈上班的时候坐下来看书了。

有一天,我主动和妈妈谈起了复学的事情。我有些犹豫地问妈妈,如果我重新回到学校上高中会怎么样。妈妈实事求是地给我做了分析:一种选择是我能够赶上现在高一的进度,也就是说我必须在剩下的两年内学完别人要学习三年的高中课程并参加高考,而且还要考上一个理想的大学;另外一种选择是可以降一级,跟下一届入学的新生一起从高一开始学习。妈妈明确表示,我能够跳级,也可以降级,这没什么问题,无论我做哪种选择,她都会尊重。

我当时不太确定直接回到学校上学是否能够跟上正常的学习进度。妈妈非常肯定地告诉我说没有问题,前提是只要我能够坐下来看书就行,高中的课程并不是太难。我最后告诉妈妈,我要马上回国上学。

当爸妈向学校提出我现在可以回学校复学时，事情并没有那么顺利。校长那关还比较容易过，但其他老师和年级主任都不太同意，特别是这所学校里还有很多老师是我小学同班同学的家长，这些人就更反对了。他们对我的情感比较复杂，说学校又不是你家开的，怎么能想来就来？况且别人都上了快一年了，你中途回来能跟上吗？他们甚至提出了非常苛刻的复学条件：如果我参加期中考试且每科成绩能够在年级排前十名，就同意我直接跟班学习，否则，只能跟下一年级。我回国的时候已经是四月中下旬了，而期中考试是在四月的最后一个星期，由于时间关系，爸妈提出我只能参加数学、英语、物理、化学四科考试，其他如语文、地理和计算机暂不参加期中考试。学校最终同意了我们的请求，只考四科。其实那些提出每科必考的老师心里跟明镜似的，即使再多加一门语文，我也必“死”无疑。文科的东西不是逻辑思维，而是需要理解加记忆，靠临阵磨枪肯定不行，他们的用意就是不想让我回去。

学校是在正式考试的前一天中午通知我参加期中考试的。学校的期中考试安排如下：第一天上午考语文，下午考化学；第二天上午考数学，下午考物理；第三天上午考英语。在这几门考试中，我最担心的是化学，因为化学的逻辑性不强，需要大量的记忆，这不是我的强项。考试前一天下午，爸爸的同事帮忙借来了化学课本，吃完晚饭后我开始看书，第二天上午接着看，大约看了 8 个小时就去应考了。

最后我在年级排名的结果是这样的：数学第一，物理第二，英语第五，化学第八。我的成绩让学校里的任何老师都无话可说。就这样，我顺利地回到学校跟班学习，期末参加北京市高中地理和计算机会考，成绩全优。

正是这次期中考试，使我的数学老师发现了我，为日后我破格参加全国数学竞赛铺平了道路。数学老师是北大数学系毕业的，也是北京奥校数学竞赛资深辅导老师。因为我没上高一，错过了各种全国竞赛预赛，是这位老师的举荐才让我直接进入了全国竞赛的决赛。我也算争气，每次都获得二等奖，这也是这位特级教师在自己教学班上唯一的收获。由此可见，生源的素质对老师的教学成果影响很大。即使再著名的教师，也不可能点石成金，我就是一个典型案例。

高一结束时，我在年级排第十二名；高二第一学期开始跃居第一。此后，一直保持与第二名拉开50分的水平。由于成绩突出，我在这所学校一路顺风顺水，再没有任何老师请过我的家长。而我在这所学校所创造的辉煌，迄今为止还没有任何人可以超越。高考后，我考上了北大，这是这所学校创办以来唯一考上北大的学生。

从离家出走到考上北大，所谓“塞翁失马，焉知非福”。由此我认为：不是只有进重点中学才能考上北大；重点学校的高考升学率高不是名师的绝对作用，而是生源好的结果；名师的作用不是万能的。

我考上北大的那一年只有16岁，学校特别希望用我来吸引考生报考该校。高考成绩发布的当天，我家就接到很多媒体的电话，希望采访家长和孩子，妈妈和爸爸商量后全部予以婉拒。他们不希望由于社会的过度关注而给我带来不必要的压力。

对于人生中的这次经历，我特别感谢爸爸和妈妈。在对我的教育上，他们从不采取逼迫的办法，而是尊重我的选择，保护我的自信心，循序渐进。妈妈经常说：“孩子的健康成长，比家长的面子更重要。”中国有句老话说，人不轻狂枉少年，还是时不时犯点儿小错更真实。他们希望我能按照正常规律发展，做一个人格健全的人。

成长是要经历痛楚的，人在任何情境和情绪下都要学会悦纳自己、丰富自己。

倾诉时间：2010 年 9 月 17 日

倾诉人物：方彤

倾诉方式：网络

方彤的故事让我唏嘘，一个女孩子因为初中时的一段经历，竟然背负了那么多的沉重！用成年人的眼光去看她的故事，有时会觉得不可思议，但就是这些不可思议，影响着她的成长。方彤说她的心病源自学习成绩始终不能如自己所愿，其实这是问题的表象，成绩的背后是她现实中的自我和理想中的自我不能统一。越是要求自己做到最好，越不能如自己所愿；越是在乎自己在别人眼中的形象，越是不知道该以怎样的面貌彰显自己。“我是谁”“目标在哪里”，这些问题的纠缠让她离真实的自己越来越远。人在任何情境和情绪下都要学会悦纳自己、丰富自己。过分在乎别人的看法，千方百计地去改变，会让人有意无意地谴责自己。

成长是要经历痛楚的，经历是人不断进步的财富，对于任何人来说，用痛楚换回自己对未来生活的自信，什么时候都不晚。

Chapter 16
寻找自己

我的故事应该从初中说起。上初中的时候，我的成绩在年级名列前茅。老师和家长都喜欢我，他们说我好学、懂事、乖巧，经常夸我。那时生活过得平静而快乐，每天高高兴兴地上学，心无杂念，那种状态让我至今怀念。虽然学习成绩好让我在老师、同学心中有了一定的“地位”，但是因为性格内向的原因，我在班里并不爱说话，有时很拘谨，显得放不开。平时特别在意别人对我的看法，如果有谁对我说了让我觉得刺耳的话，我在心里会很长时间过不去。那时的我，基本上就是一个幼稚无知的小女孩，除了学习外，对其他事情都不怎么感兴趣。

初三开学不久，发生了一件改变我后来命运的事情：班里一个成绩不好但是很帅的男生给我写了一封求爱信。

信被他夹在数学作业本里。作业本是他大课间时向我借的，中午还给我时，我发现里面多了一封装帧精美的信。

躲在一个没人的角落里把信看完，我的心突突直跳。这是我第一次接到男孩子的求爱信，恐慌、激动的感觉遍及我的全身。我晕晕乎乎地回到班里，看到那个男生充满意味的目光，不知所措。

我接受了他的求爱。每天放学他在离学校不远的一个路口等我，绕上好长一段路送我回家。我们的关系从来没有公开过，我在班里依旧不怎么说话，只在和他对视时，我才轻轻地露出一丝微笑。

转变出现在中考前的两个月。我和那个男生谈恋爱的事被老师知道了，老师告知了我的家人。我最怕的就是让父母知道，可最终还是没有瞒住。他们找我谈话，说我幼稚，说那个男生不是好男孩儿，我和他再继续下去会影响成绩，甚至会考不上重点高中。其实我那时的成绩在班里还是排前三名。但我没说一句反抗的话，我不敢，那种不敢，是缘于我内心的懦弱吧。

中考之前，那个男生走了，回到他自己的家乡参加中考(他是外地的)。而我在被老师、父母谈过话之后就有些变了，我觉得班里的同学都在用一种幸灾乐祸的眼光看我，我心里猜想，他们一定都知道我的事了。有一次，我最喜欢的英语老师用一种意味深长的眼光看着我，问我那个男生去哪儿了。当时我心里很不好受，觉得她是故意这么问我的。在我看来，年级老师每天在同一间屋里办公，会互相讨论各种事情，英语老师不可能不知道那个男生的去向。她那样问我，只是想看看我的反应，然后验证我和那个男生的关系。那段时间我很沉默，不想面对任何人的目光。其实说透了，是我始终接受不了父母、老师知道我早恋的事，我在乎他们的看法，怕他们从此看轻我。

那个男生离开后，我开始强迫自己更加努力地学习。下课的时候别人都在休息或是趴在桌子上睡觉，只有我在不停地念书。尽管我这样努力，却不知道终点在哪里，也不知道我这样学到底想要得到什么。我只是觉得抬不起头来，无法面对老师和同学的目光，唯有拼命读书，才能忘掉他们目光里深长的意味。

这样的状态一直持续到中考结束。我的中考成绩并不理想，没能考出应有的水平，那些平日里成绩不如我的人都比我发挥得好。

上高中后，我的性格变得更内向了，完全没有以前那种自信的感觉，做什么事都小心翼翼的，在男生面前尤其矜持，不敢表现自己，慢慢地我变成了一个畏缩、胆小的人。

高一下学期文理分班，我和一个亲戚的孩子分到了一个班。这之后我就更加“安分守己”了。那时候，在我看来，除了学习外不能有任何事，而且学习也要学好。现在想想，那样的想法是由于虚荣心在作怪吗？不，应该是太在意别人的眼光了，这个毛病是我从初中时就延续下来的。高一下学期期末考试，我的成绩进步很大，但我还是没有什么自信，我只是在让自己努力学习而已。我不知道我是真的想学，还是只为了别人的眼光，或是因为有那个亲戚的孩子在旁边“监督”我。

老师因为我的努力而表扬我，我就更加严格地要求自己，对自己的期望值更高了。我觉得所有的课程我都应该会，老师讲什么我都要明白，我的成绩也应该比任何人强。很快，我就被自己的这个想法击倒了，几次考试下来，我的成绩始终只居中流，很多同学比我强，我比不过他们。我陷入了一种糟糕的心境，那种糟糕，远不是“自卑”一个词能表达得清楚的。高二、高三两年，我几乎全部在沉默和抑郁中度过。精神上的巨大压力快要把我压死了，我每天疯狂地念书，却根本记不住。高考我只考了个三本。

初中时学习那么优秀，高中时精神几近崩溃，我忍受了三年的痛苦煎熬——找不到自我，没有出路，内心充满了恐惧。我一直以为是自己的错，始终在检讨自己、规范自己、要求自己，始终想让自己成为别人眼中的好学生，但是我什么都没有做到！

直到现在，只要我回想起那段经历，仍会泪流满面。我承认是因为我性格和心理的原因，不会善待自己，不会正确看待那段早恋，才造成了我高中生活的混乱。

我的心病缘自学习，成绩从高高的山顶跌落到谷底，我无法接受这个现实。我始终不能好好地做自己，只要看到别人比我的成绩好，比我做得好，我就会不舒服。不是嫉妒别人，只是觉得我应该做到最棒，但是我却一直都做不好。我想让自己往前冲，可我根本冲不上去。当我看书学习的时候，我时常感觉到压力重重，不自觉地紧张，大脑处于停滞状态。我一直在分析这种压力来自哪里，也许还是初中那段经历对我造成的影响吧！

现在，我正在努力地调整自己。我想开心地生活，内心坦荡地面对未来，不再在意他人的眼光！我想要无忧无虑的生活，让我试试，我想，我能做到。

赢取未来，需要少走一些不必要的弯路。

倾诉时间：2010 年 8 月 24 日

倾诉人物：刘阳

倾诉地点：《天津中学生》杂志社

刘阳引起我的兴趣，是因为他三届高考复读生的身份。2008 年 7 月，作为应届考生的刘阳，第一次参加高考考上了天津科技大学。因为心中的理想目标是南开大学，开学一个月后，刘阳选择了退学复读。2009 年 9 月，在网上偶遇他，我问起他复读后的高考成绩，他含糊着说："不甚理想，所以会继续复读。"2010 年暑假，已经第三次参加高考的刘阳主动给我留言，说要和我说说心里话。见面是在 2010 年暑期末的一天，这时别的考生早已收到录取通知书，即将奔赴人生的另一个行程了。再次失利的刘阳愈发落寞，说到动情处，他几次落下泪来。

2011 年高考是刘阳给自己的最后一次机会，希望他能达成所愿，也希望每一个孩子在逐梦的过程中少走一些不必要的弯路。

Chapter 17
人生经得起几次失败

我很少和以前的同学联系，他们当年考上大学的，已经上大三了，没考上的，也有了工作，准备恋爱、结婚了。我现在算什么身份呢？学生？待业者？是，又都不是。我很少出门，出门干什么呢？碰到谁，谁都问我："被哪儿录取了？""不知道，正等通知呢。"我这样说其实心里发虚，考完我就知道，这次还不如上次考得好，不要说南开大学了，就是一般的二本院校，我也进不去。

我这段时间经常想起爸爸，想起他我就控制不住地流眼泪。爸爸在我4岁时自杀了，我对他的印象仅有一些残留的片断。比如，他每次回家，都把我扛在肩膀上在院里跑来跑去；带我上街时，只要我想要的东西，他从没拒绝过，小时候我的玩具装了好几个纸箱子，都是爸爸给我买的。爸爸的脾气很好，从不和我发火。他自杀的原因我不知道，只听奶奶说，他是和妈妈吵架后，一气之下喝了农药。因为爸爸的死，奶奶对妈妈恨之入骨，再不允许妈妈踏进她的家门。爸爸去世后一个月就是春节，我记得特别清楚，妈妈领着我给爷爷奶奶拜年，被奶奶挡在了门外。无奈之下，妈妈带我回到自己家。原本温暖的家灶冷锅空，水缸里的水都被冻住了。妈妈出去买了两块钱的肉,给我包了顿饺子吃。过了没几个月,妈妈就改嫁了。

到继父家以后,我再没有小时候泡在蜜罐里的感觉了。我的继父属于那种还没做却先把话说出来的人,很多时候说出的话都是空头支票。比如说有一次快过年了,他和别人说给我1000块钱买衣服,实际上只给了500;后来又说给我买自行车,结果也没有兑现。有时他喝完酒后会打我和妈妈,但在外人面前却从来不承认。继父家的奶奶对我也提防着,夏天买了西瓜,只给她亲孙女吃,我在旁边看着,她理都不理我。

我上初中后,妈妈有时让我回原来的爷爷奶奶家看看。爷爷对我很好,每次都拉着我的手问长问短,走时还会塞给我一些零花钱。有一次,他指着墙上的照片问我:"知道这是谁吗?"我说不知道,他说:"记住了,这是你爸爸,永远不要忘记他。"照片中的爸爸很瘦,头发有点儿长,温和地看着我。我连爸爸的样子都想不起来了,那一刻我感觉很悲哀。

妈妈和继父的感情开始那几年还挺好的,但是后来继父的许多做法逐渐伤了妈妈的心。姥爷几年前出过一次车祸,住院、看病的花销,继父从没管过,妈妈花的都是自己带过来的私房钱。姥爷去世后办丧事妈妈花了两千多块钱,继父为此和妈妈吵架,还动手打了她。从这件事以后,妈妈对继父的感情日渐淡薄。有段时间她常跟我念叨我生父以前的一些事,说他为人老实、厚道,比继父好很多。

我复读的这两年,家里发生了很多事:生父那边村子拆迁,我们原来房子的拆迁款被奶奶全部拿走;妈妈因为和继父感情不和,离家外出打工没有了音信;继父转移财产,家庭面临解体……家庭的种种变故,让我深深体会到了人情冷暖。如果有可能的话,我真想一个人生活。

从天津科技大学退学的事，我不愿再提。做出那样的举动，完全是自我膨胀的结果。我上高中时，因为经常发表文章，在学校小有名气。我给学生刊物做过几次选题策划，给电视台写过乐评，由此受到老师的偏爱。甚至在上语文课时，老师会让学生先读我最新发表的作品，然后再讲课。上食堂买饭时，常见别的年级的学生指着我窃窃私语，当着他们的面我装得很淡定，一出食堂大门我就不停地偷着乐。写文章给我带来了优越感，那时觉得我以后当作家、出书绝对不成问题。

高三那一年，我在一个哥们儿的帮助下参加了公安系统招聘人员考试，居然通过了。这件事在学校传开了，同学都认为我有本事，将来进公安局工作没问题。因为忙着参加招聘考试，高三的课落下很多，面试通过后，就更念不下去书了，只知道玩儿。心浮气躁的我被自己幻想出来的前景冲昏了头脑。

2008 年我的高考分并不高，勉强进了天津科技大学。我哥们儿说："科大算什么啊，怎么也得拿个南大的文凭，你才能在公安局立住脚。"我听信了他的话，开学一个月就办了退学手续，我觉得考取南开大学对我而言不在话下。

我选择了在家复读，一方面复读费很贵，另一方面我觉得能安排好自己的时间。其实，我真不是一个有自制力的人，每天用来读书的时间并不多。看不了一个小时的书就开始看电视、上网，摸摸这儿，弄弄那儿，一天的时间也就过去了。没有人督促我，我一天天变得懒散……

成绩一次不如一次，我的优越感逐渐在自卑和惶恐中消失殆尽。走在马路上，经常看到认识我的人在背后对我指指点点。甚至有人当面说我："你有什么啊，不过如此。"有段时间我躺在家里不愿见人，一天到晚发愁，昏昏沉沉的。继父对我这么个大闲人也有了意见，说读书有什么用，也考不上，还不如早点儿出去工作赚钱。妈妈倒不逼我，但是没有文化的她从不考虑我的心理感受。2009 年，她因为和继父怄气，离家出走几个月没用音信，我四处寻找，甚至去公安局报了案，哪里还有心情读书呢？前几天她留给我一些钱，又走了。孤独、压抑每天伴随着我，有时我在电脑前和别人长时间地聊天，有时打开电视调到最高音量，才能驱散内心的恐慌。

有人说，我走到今天这一步，完全是家庭影响的结果，其实我自己也有责任。人不能好高骛远，不能耽于浮名，应该脚踏实地地走好每一步。可惜这些道理，是我在这两年的磕碰和反思中才明白的。我现在最要紧的，是从这种孤独、压抑、惶恐的状态中走出来，踏踏实实地看书、学习。人生经得起几次失败？两年的时光已经被我荒废了，我不能再这样混下去。我现在经常有意识地去南开大学找朋友玩，就是为了激励自己。人受环境影响很大，和他们在一起，我觉得自己也变得优秀了。我的这些朋友都是我从网上认识的，他们中有的复读了两三年才考上大学，和他们在一起增强了我的自信，总有一天我要成为他们中的一员。

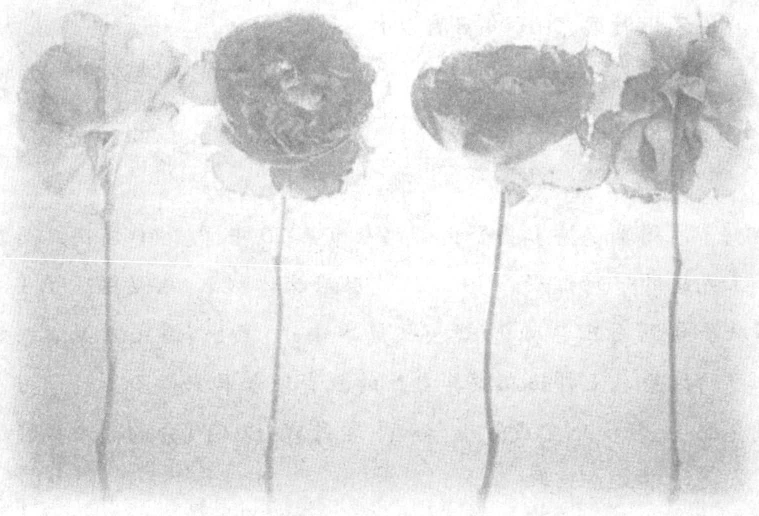

梦想不是负重。葆有对事物的好奇心是一种能力,这种能力有时比达成梦想更为重要。

倾诉时间:2010 年 8 月 9 日

倾诉人物:刘伟长

倾诉地点:《天津中学生》杂志社

周国平在博客里登出了北京市第 20 中学 2010 届高三毕业生王卉媛的一封信——《快乐地战胜应试体制》,信里描述了王卉媛从小学到高三看动漫、读英文简本小说、画画、写文章等凭兴趣学习的经历。王卉媛在顺其自然的教育理念和兴趣至上的学习态度支配下,轻松地完成了小学和中学教育,以 670 分的高考成绩被北京大学中文系录取。

与王卉媛形成对比的是初二学生刘伟长的学习感受。刘伟长热爱写作,因为频繁地给刊物投稿让我们熟识。学习优秀、意志坚定、有着同龄人少有的成熟的刘伟长向我讲述了他内心的渴望与压力。

刘伟长和王卉媛,均是众多学子中的一员,他们以各自的经历和感受展示了学生的内心世界。王卉媛是顺其自然发展而成功的少数学生典范,刘伟长则代表着更多中学生的现状,他们都在应试教育中完成自我的成长和蜕变。

梦想种在每个孩子的心田,但梦想不是负重。葆有对事物的好奇心也是一种能力,这种能力有时比达成梦想更为重要。

Chapter 18
我在和谁较量

上小学时，我的成绩在年级一直名列前茅，父母对我升中学的目标很明确，那就是考入市属重点校。从小，爸爸就灌输我作为一个男人的责任："男人是家庭的顶梁柱，如果顶梁柱倒了，生活就没法过了。以后你会有自己的家庭、孩子，你的负担会非常沉重，责任非常重大，所以，你从现在起要好好学习，上重点中学，考重点大学，将来找个好工作，供养你的父母、妻儿，支撑起一个家。"父亲的话，让我强烈地感受到一个男人所担负的责任的沉重。

小学升初中我的综合成绩是优B，这个成绩让我无缘进入市属重点中学。那段时间，我亲眼目睹了父母的焦虑。因为一直寄希望于我能上市属重点校，这个结果让他们很难接受。小升初的失利，对我打击挺大的。知道成绩后的三个月里，我一直陷在烦躁中，每天晚上翻来覆去睡不着觉。睡不着觉的时候，我会一个人坐在书桌前哭，这样的状态持续一段时间后，我不得不病休在家调养身体。

身体恢复正常后，我投入到紧张的学习中。我现在就读的中学是区属重点校，同学之间的竞争还是蛮激烈的。我给自己定下的目标是考到年级前十名。一年下来，我的成绩只排在年级三十名左右。这个名次让我不满意，总在想，我们坐在同一间教室上课，为什么有的人成绩会比我强？是我的努力不够吗？我曾经无数次地寻找这个问题的答案，也问过很多老师，但没有一个老师的回答令我满意。我学习非常努力，在课堂上永远有一种激情。一节课45分钟，老师说我们能有20分钟认真听讲就不错了，但我在45分钟里保证能做到全神贯注。我对考试从来不排斥，我渴望考试，因为考试是对我能力的检测，考试成绩能证明我的实力。每个老师都知道我有实力，他们都很厚待我，我不能让他们失望，我要用成绩回报他们，也证明自己有能力。我想学知识，想通过知识得到荣誉，但是我惧怕努力后得不到应有的回报。

我的奋斗目标第一是为自己，第二是为我父母。父母把一辈子的心血都花到我身上了。打个比方吧，我就像他们花光所有积蓄买下的一块玉，他们这辈子最大的希望就是把我这块玉雕琢成器。假如父母花了那么多心血最终没能如愿，这样的结果是我不能接受的。我不奢望自己成为一个多么有品位的人，但我希望自己是一个有知识、有能力的人，能通过自己的努力，劳有所得，获得幸福的生活。

初一一年过来，我的感觉就一个字：苦。如果说小学时我的生活还比较悠闲，现在则是精疲力竭，因为我在用百米冲刺的速度跑马拉松。我想的东西太现实了，每天都在琢磨社会是什么样子的，未来的我会怎样。如果有一次考试没考好，一闭眼，我就会想到几十年之后的我穷困潦倒的情景，这令我感到恐惧。我常常以成年人的思维方式看待问题，这让我感受不到作为一个孩子的快乐，我生活得很压抑，但又无人诉说。

很多同学说我成熟，成熟得有些过分。成熟不好吗？看着他们每天乐呵呵的，没有烦恼，没有痛苦，过得那个美啊，但真到他们该承担时，生活还能这么美下去吗？我和他们有隔阂，我永远不会像他们那样思考问题。我现在就是奋斗，为了考上重点高中、重点大学而奋斗。双休日和寒暑假，我一天都没歇过，上课外班、上网校、写作业，每天安排得满满的。我的同学中大部分人都喜欢玩网络游戏，我却从不沾这些，上网就是为了查资料。学习之余，我唯一的爱好就是睡觉。

我是一个不轻易泄露内心压力的人，一个人承受不住的时候，就会通过运动来缓解压力。我经常做的运动是跑步、打篮球、举重。跑步我会按千米计程，一直跑到头晕才停下；打篮球时就像疯了一样，跑得比后卫还快，以至于老师怀疑我打了兴奋剂；举重我能举二百多斤，那一瞬间的爆发力远远超过我平时的力量。运动成了我排遣压力最好的方式。我的情绪经常波动，而且周期越来越频繁，但我从来也不和父母说，他们本身承受着工作和生活的压力，也不大可能完全理解我。

前段时间我读到了王卉媛的一篇文章《快乐地战胜应试体制》，我忽然意识到自己的问题所在了。王卉媛在那篇文章里说："到目前为止，我还没有失去对事物感兴趣的能力。是的，我一直认为这也是一种能力，因为我身边有很多为了有个好成绩而玩命学习的同学，他们居然没有任何兴趣爱好。我发觉，现在的学生之所以学得那么痛苦，就是在应试教育的体制下，被残忍地剥夺了'喜欢'的能力……"这段话仿佛就是在说我，让我有醍醐灌顶的感觉。我知道，我给自己的压力太大了，以成年人的心态去面对学生生活，多多少少是有些偏颇的。我应该在压力和松弛中寻到一种平衡，既让自己奋进，又让自己有精神上获得愉悦。我想，我能做到。

爱,需要承受、担当。好与坏,成与败,得与失,全部属于你。

倾诉时间:2011 年 2 月 27 日

倾诉人物:林渺

倾诉地点:天津河西区琼州道某咖啡店

2011 年春节前,林渺在网上第一次和我谈起她的爱情,那时,她正深陷失恋的痛苦中,难以自拔。春节过后,我们在网上再次相遇,她告诉我,已经把很多事情想明白了。她打了一个比喻:就像一个人倒着拿一根点燃的蜡烛,蜡烛快要燃尽的时候,火苗炙烤着你的手,痛到不能忍,这时该怎么办呢?扔掉蜡烛,放手。对于已经变了质的爱情,唯有尽早割舍。更何况,中学时代的爱情,有多少能天长地久呢?

见面的那天早上,刚刚下过一场大雪。窗外是白茫茫的世界,屋内是暖暖的咖啡香,听着林渺娓娓地讲述她的爱情故事,我的心里涌出诸多感触:谁说少男少女不懂爱情?他们的成熟远远超出了成人的想象。爱是什么?爱是心头的春暖花开;爱是无处不在的呵护思念;爱是心甘情愿的付出;爱是轰轰烈烈的百感交集。当然,爱也需要承受、担当。好与坏,成与败,得与失,全部属于你。

Chapter 19
憧憬爱情

爱上一个人是没有理由的,就像当初我对曾羽生的迷恋。

那一年我上高一,他上高三。我们班和他所在的高三(1)班紧挨着,两个班的学生很熟。

见到曾羽生的第一眼我就觉得似曾相识,他那么高大、帅气,像谁呢?想了半天想起来,像周杰伦。同桌对我的说法嗤之以鼻:"就他?别侮辱周杰伦了!"每次在楼道遇见他,我都和同学小声嘀咕:"你看,多像周董啊,太像了。""你喜欢上他了吧,找他要手机号去。"同学拿我调侃道。"看我不撕碎你的嘴。"我佯装生气,心里却涌出一丝期盼,是啊,要是能有他的电话号码该多好啊!

班里有个年龄最小、和我关系也最铁的男生,有一次真的就跑到他那儿要手机号码去了,没过几分钟垂头丧气地回来,对我说:"没要来,他不给。"我心想,这个人可够傲的,还拿上劲儿了。同桌自告奋勇地说:"你也是,让一个男生替你要号码,他能给吗?看我的。"下课了,我倚在门口装作漫不经心的样子和同学聊天,眼睛却始终盯着守在高三(1)班门口的我的同桌。曾羽生来了,我的同桌迎上前去,又媚又甜地说:"学长,我的一个同学喜欢你，你能把手机号和QQ号给她吗？”“不给。”曾羽生冷冷地说，进班后随手“砰”地把门带上。我的同桌顿时气得脸通红，指着门大叫：“学长，我恨你一辈子。”说实话，被一个男生这样拒绝，我心里挺难受的，但也激起了我的斗志：“小子，你有什么啊，我就不信连你的手机号都要不出来！”思来想去，我想到了和我一块跳街舞的学姐，她的男朋友也在高三(1)班，找他兴许能管用。我把想法和学姐说了。“喜欢上了？”学姐问我。“不知道，就觉得他很帅，想认识一下。”“你放心，交给我吧。”转天我便得到了朋友软硬兼施要到手的曾羽生的电话号码。之后，除了偶尔发短信给他，我俩并没有其他联系，即便在楼道里打了照面也一句话不说。我不想打扰他，他上高三了，学习很紧张。

我只是默默地喜欢他，从没有抱过多幻想。我俩的差距太大了：他一米八七，我一米六；他高大帅气，我长得却一点儿也不好看。

课间时，我常借故跑到他们班和一些女生聊天。那个冬天很冷，我喜欢靠在暖气旁，一边取暖、聊天，一边用余光跟随着他的身影，觉得能经常看到自己喜欢的人真幸福啊！

5月份，高三第三轮复习结束，高三学生都回家复习了。他们离校的那天，正好是我们年级月考，我的考场就设在他的教室。没有了他的身影的教室显得空荡荡的，我的心也空荡荡的。考完试，别的同学陆续离开，我独自坐在那间教室里哭了。从那天开始，我把每天的心情写成日记放到QQ空间里，我为他写日记，一共写了一百五十多篇。

和曾羽生的关系不冷不热地用短信维系着。直到他拿到了大学录取通知书。我的情绪开始异常低落，想到他就要去外地上大学了，肯定会忘了我，于是留言给他说：“以后我们不要再做朋友了。”

没想到的是，转天早晨，我收到他的短信：“自从你昨晚和我说不做朋友后，我觉得心里特别空，我可能喜欢上你了。”看着这条短信，我简直不敢相信自己的眼睛，我追了他276天，为什么在我决定离开他的时候，他才发觉他喜欢上我了？那天放学，曾羽生在学校门口等我，红着脸说出了“我喜欢你”这句话。幸福就这样降临了。那天是七夕节，一个特别的日子，我终于可以和自己喜欢的人在一起，感觉那么开心、幸福！

爱情就像黏合剂，把两颗年轻的心紧紧地粘在一起。

他到外地上大学后只要一有时间就给我打电话或者发短信。我们在一起度过了短暂的美好时光。只是好景不长，他突然给我打电话提出分手，他没有解释原因，但我猜想他肯定是有了喜欢的人，毕竟我们这个年龄变数太大，谁能保证对谁一辈子死心塌地呢？就这样，我们俩的爱情只存在两个月就破灭了。

分手的那天晚上，我将以前写过的日记一篇篇删掉，一边删，一边哭。此后相当长的一段日子里，我刻意回避跟他有关的任何东西，也忌讳别人提到他的名字，生活变得痛苦不堪。

曾经有一次，我跑到“上谷”的楼顶，风很大，突然就想跳下去。我给一个朋友发短信，她急得大叫，一边询问我的地址，一边和我保持短信交谈。半个小时后，她突然出现在我面前，抱住我大哭。我突然意识到，生活中有那么多美好的东西值得留恋，我为什么要为一段已经放手的感情寻死觅活呢？

从那段伤痛中走出来挺难的，但我走过来了。回头再看这一段感情，我觉得得到的比失去的多。我懂得了这个年龄爱情的美好与脆弱，也知道在遇到打击时应该如何去面对，更明白了要珍惜生命。爱，也需要承受、担当，好与坏，成与败，得与失，全部属于你。

感谢我的朋友，也感谢我一直热爱的街舞，给了我摆脱困境的力量。朋友们都说，经过这件事我长大了，对生活的认识不一样了，对音乐和舞蹈有了更深的理解。

我还是会相信天长地久的爱情，只是我不会让自己在还没有足够能力的时候，过早地陷入感情的漩涡了。提高自己，丰富自己，储存更丰厚的生活资本，然后再去寻找美好的爱情，一切都会不一样。

一段难忘的经历，足以为未来插上高飞的翅膀。

倾诉时间：2011 年 3 月 23 日

倾诉人物：白玉

倾诉方式：来稿

美国“太阳升”领袖才能夏令营项目（CRS）是由美国 Louis August Jonas 基金会于 1930 年创办的一个全球项目，旨在通过一系列高强度拓展训练、智力开发、艺术熏陶和文化交流，培养来自世界各地的优秀青年学生，锻炼他们的领袖才能和奉献精神。2010 年，天津外大附校的白玉经过层层选拔，代表中国学生赴美参加“太阳升”领袖夏令营，回来后，她撰文写下了夏令营的经历带给自己的感受。白玉多次被评为市级三好学生、市级文明学生，她兴趣广泛，在中央电视台举办的“希望之星”英语演讲大赛中获得了天津赛区的冠军，在全国中学生英语能力竞赛中获得一等奖，还发表过多篇作品。15 岁的夏天，一段难忘的记忆，给了白玉飞得更高更远的信心和勇气。

Chapter 20
15 岁的夏天

2010 年 6 月，我怀着忐忑而又兴奋的心情，与同伴登上了飞往美国的飞机。当时的我还没意识到，迎接我的将是怎样一个充满激情、充满新鲜感、甚至会影响到我一生的为期七周的异国之旅。

刚出机场，举着画得美美的写有我名字“Yu”名牌的德尼森科太太就一眼从人群中认出了我，她喊着我的名字，顺势给了我一个大大的拥抱，就是这样一个热情洋溢的拥抱，开启了我在美国七周的旅程。我的接待家庭原籍为俄罗斯人，夫妻俩有两个女儿，大女儿艾丽娜学习成绩极好，现在美国宾夕法尼亚大学念书，曾入选 2006 年 CRS。他们的小女儿海伦以及她家接待的另外两个女孩儿——来自日本的真子和来自瑞典的艾尔莎——都和我一样，即将前往 2010 年 CRS 营地。后来，我们几个成为十分要好的朋友。在接待家庭简单调整了两天之后，我们四个女孩儿带上满满的行李箱，前往营地。

我所在的女生营地名叫克林顿，坐落在纽约市郊的小镇莱茵贝克。它依傍森林而建，有宁静的湖泊，葱茏的绿树，远处山丘上依稀可见 16 顶帐篷，好一幅幽静恬美的田园景致，我一眼便爱上了它！也是在这个营地，我见到了来自世界多个国家的美丽优秀的女孩儿。令我意外的是，这处“女生营地”，除了屈指可数的几位男辅导员外，竟然连一个男孩儿都看不到！原来在这七周时间里，我们只有区区三次机会能和另外60名优秀的男生碰面。令我们更为不适的是，刚入营地，手机等通讯工具就要一律上交，连药品也不能随身携带。辅导员告诉我们，在这里，每周只有15分钟与父母通话的时间和15分钟的上网时间。这一切，都是为了让我们更快地融入到营地的生活。除此之外，营地有着严格的作息制度，每天晚上10点钟左右都会有“查寝”。

所幸的是，营地的严格管理带来的不适很快就被丰富多彩的活动冲淡了。由于这是一个以“领袖才能”为主旨的夏令营，每项活动自始至终都贯穿着“培养领袖才能”这一主线。每天，我们的营地都会由一名营员担任这一天的领导，她被叫作“酋长”，有权力安排营员们一整天的生活。当然了，酋长的工作离不开辅导员们的悉心指导。我们这些可爱可敬的辅导员们平均年龄都不大，也来自世界各地，大多数人都曾是CRS的营员。正因如此，他们对营地的宗旨有着更深的理解，也能在工作中更好地将一种精神传递给我们。

营地的日常活动有团队活动、项目活动、课堂教学和晚间活动等等。我最爱的是项目活动和课堂教学。项目活动，顾名思义，就是大家聚在一起，集思广益，做一些有益于整个集体的项目。当然，这些项目要由我们自己完成，辅导员们很少亲自参与实践。我们这届以法国姑娘奥菲莉娅为领导的小组就独立完成了造一座桥的项目呢！而我，也曾作为领导，为营地搭建了“帐篷山地图”。初到营地时，我和伙伴们发现由于傍晚返回帐篷山时天色已晚，加之大家对这么多零星分布在各处的帐篷不熟悉，非常容易迷路，所以大家决定做一个“帐篷山地图”。有了这个初步的想法以后，我立刻动笔写了一份项目建议书，兴奋地投进了辅导员米娅的邮箱。不久，我就得到米娅要求和我面谈的通知。

原本我以为米娅也就是问我几个简单的问题而已，我们的计划应该很容易就能获得过然后付诸实践。可没有想到，事情远没有我想的那么简单。米娅先是问了我这一想法的起因，我的回答滴水不漏，和计划书里面写的一样详细，因此这个问题很快就通过了。只是，我看出这个聪明的美国女孩脸上闪过一丝“狡黠”的微笑。果不其然，接下来，她的问题一个比一个尖锐，一个比一个难以应付。她问我：“你打算把地图立在哪里呢？”我说：“当然是帐篷山啊。”“具体位置？因为你需要动土立牌子，就必须确定方位。”“这个——我还没有想好。”“那么，你需要立几个地图呢？”“三个！”“有必要吗？都放在哪里？还有，你需要哪一种涂料来画地图？谁来画？照着什么画？随便画吗？”“我不知道。”“你需要多大的牌子？多粗的杆子？怎么锯成？”“我不知道。”一连几个“不知道”下来，我的信心算是彻底被这个美国女孩给击垮了。这时，她微微一笑，轻声对我说：“姑娘，别担心，明天我带你到小仓库看一看我们都有什么材料，到时候你再做决定。”就这样，在米娅的耐心指导和帮助下，我们的项目一步一步得以完善，并最终在“动工”后的两周内顺利完成。至今，营地的帐篷山上还“伫立”着我们绘制的两张美丽的地图，一个位于山脚，一个在山坡的正中央。通过这件事，我发现，美国人对于培养学生的动手能力确实有与众不同的方法，在严谨思维的指导下，怪不得美国孩子的实践能力如此之高！通常他们在动手之前就能独立拟出一份严密的计划。

所谓“课堂教学”，也就是营员或者老师利用一两个小时的时间给其他营员们“授课”。所讲内容多种多样，不一定局限在学术方面。比如，我听过一堂美国姑娘的折纸课，还在她的指导下折出了一个大纸球，还听过一堂印度姑娘的印度舞课。反正，只要你有一技之长并且愿意与他人共享，你便可以申请做一次课堂授课。每天下午通常有很多种课堂授课同时进行，营员们可以自由选择。在营地，我曾经作为主讲参与过两次这种活动，分别是中国文化介绍课和与人合讲的有关“模拟联合国大会”。为了讲好中国文化课，我花了不少心思准备。比如，我讲解时用到的精美幻灯片就是我在来美国之前精心准备的。还有，为达到最佳效果，我和这方面的辅导员杰西卡就使用投影设备的问题协调过许多次。工夫不负有心人，我最终顺利完成了对中国文化的讲解——从衣食住行到文化习俗，还在讲课结束时送给每一位营员一副从中国带去的筷子。我的讲课获得了大家的一致好评。

我喜欢的活动还有“晚间活动”，通常由辅导员主导，以探索思考类活动为主。比如说，针对“偏见”这一话题，营员们曾经举办过一次相关的晚间活动。每个人都在不知情的情况下在头上贴上写有一个词汇的小条，代表一类人。比如：同性恋者、孕妇、智力超常的人等等。然后，大家带着自己头上的小条开始在场地里游走，在不知道自己被贴了什么标签的前提下，懵懂地接受迎面而来的人给自己的评价，有人对你表示出惊讶万分，也有人对你嗤之以鼻。最后，所有人被允许揭下自己头上的标签看一看，然后大家围成一圈，谈谈自己的感受。那一天我被贴上了“transexual”（不明性别）这个词，游走时跟我打招呼的人都表露出惊异的目光，令我很不舒服。在交流感受时，我说，刚刚大家那样对我让我很难过，我觉得自己是一个异类，不被尊重。别的女孩儿也都谈了自身的一些感受。相信有过一次这样的经历，大家都能更清醒地看待别人的眼光和评价。

除了这些日常活动，每周营地还会有一些比较特殊而有趣的项目。比如“周五傍晚的晚会”，这是一个给营员们展示个人才华的舞台，大家尽情唱歌跳舞，各展所能，各显所长。我曾经表演过钢琴，还和上海的女孩儿一起演唱过中文歌曲。还有“在星光下过夜”，就是随意选一处不在室内的空间度过周六夜晚，目的是为了让大家亲近大自然，增进彼此间的感情。我曾经和四个女孩一起选择露宿在森林里的天文台上。那天晚上就寝时天色很黑，我忘记了带手电，结果只能凭着模糊的记忆，抱着被子独自在森林中摸索着找到天文台，那次特殊的经历，对于一向胆小的我来说，确实是一次挑战。

夏令营快结束时，我们每个人都被要求以特殊方式写一封题为“写给 25 岁的自己”的信。前提是要我们每个人在森林里提前选好一块地方，然后单独在那里过夜，自己生火，伴着火光彻夜书写。火焰熄灭时，就是信需要结束的时候。这个过程，我们叫作“守夜”。我做“守夜”的那一晚，恰逢下雨，就在这“水火交加”的夜晚，我一边忙碌着不让自己的火焰熄灭，一边忙着写信。想到在营地七周种种难忘的经历，诸多感慨，一时如泉涌，在笔端自由流淌出来。我将这封长达七页的信装进了信封。据说，为了让我们更好地见证自己的成长，在我们 25 岁时，真的会收到这封信。由于深知“守夜”的不易与辛苦，后来我还曾经在清晨 5 点钟起床为最后一批做“守夜”的女孩们亲手做了一顿早餐。

其实，在营地的七周对我的改变还不止于这些新鲜的经历。初到营地的第一周，我的英语能力就接受了挑战。自认英语能力还不错的我，面对美国人飞快的语速竟时常“卡壳”，令我十分尴尬。为了尽快克服语言障碍，我悉心倾听周围人的表达方式，然后每天晚上打着手电把我这一天学到的生词记下来。就这样，不到一周我已基本掌握了美国人的常用语，和朋友聊天时也自如了许多。因为语言能力的飞速提高，我在第二周就被选为营地周刊《日升》的主编，这也是国际营员中的第一人。成为周刊主编，我既兴奋又紧张。因为，虽然我个人爱好写作，但是调动周围女孩们也热爱写作并积极投稿的确不是件轻松事。于是，我开始向周刊的辅导老师求教。她并没有直接告诉我该怎么做，只是向我简单介绍了一下周刊必须包含的栏目和内容，提示我参与夏令营活动的女孩们有很多可说、可写的素材。在她的启发下，我利用每天下午的自由活动时间开放我们的编辑室，欢迎有意愿为周刊写东西的营友和我们交流。结果,原本冷清的编辑室一下子热闹了起来,女孩们各抒己见,出点子、投稿件。最终,我和同伴在一周内竟然编辑出了一份12版的周刊,内容涉及各个方面,有营员活动新闻,有摄影作品,还有人物采访,等等。看着周刊被营员们争相阅读,并被夸为是“杰作”,我觉得,当初逼迫自己一晚上学会使用排版软件以及在半个小时内写完800词英文新闻稿的痛苦都是值得的。我另外一次做领导者的经历,就是带领九名女孩儿进行了为期四天的登山旅行,并且成功攀登了两座山峰。其实,我作为一个生活在中国沿海城市、从小养尊处优的乖乖女,脑海中对于“徒步旅行”这个词根本没有概念,甚至以为就和旅游时登山坐缆车赏风景差不多。所以,我领到登山队队长这个任务时,心中还窃喜,以为这是一项轻松的工作。没有想到,短短四天的旅行要求我们十个女孩儿背负四天所需的所有食物、路上野营要用的帐篷、简单的炊具甚至是铲子。背上沉重的背包的那一刻,我觉得自己不是去登山,简直就是去避难!自然,旅途中发生了许多让我尴尬的事情。比如,我的队员们不时地问我,前面还有多远的路,下一个取水处在哪里。可是我本来就是一个连地图都不太会认的人,我怎么知道这些?再比如,身为队长,我本应走在前面带队,但是方位感极差的我一上午就三次带队“误入歧途”。沮丧而伤心的我第一天晚上便跑去请教我的辅导员,问她我为什么这么糟糕。她鼓励我说,不要紧,你已经做得很棒了。她点拨我:“当你感到力不从心的时候,不妨请队员帮助你。”就是这样一句话点醒了我,第二天我开始给我的伙伴们分配任务。请方位感好的人来带队,让背包较轻的人负责取水。我发现大家都很有干劲,也都愿意为团队出力,于是我们很顺利地完成了登山旅行。

回国后,很多人问我收获了什么?我想,我收获了友谊和成长,也收获了对未来的信心和勇气。这七周使我终身与“太阳升”结下了不解之缘。“太阳升”就像一个巨大的、和谐友好的家庭,每一个曾经的营员都分享着相似的感受和感悟。据说，营地最年长的在世营员今年已经80多岁了呢。还有，这七周，我拥有了在我想家时抱着我一起哭的姐妹。不久前，我的接待家庭的大女儿来北京找我玩儿，我陪她参观了故宫和雍和宫。我还在营地结交了一些忘年交，比如爱听我弹琴的卡伦奶奶是基金会的董事，善良可爱的护士凯特奶奶和我一起在营地炸过春卷。这些人都在用她们的一言一行影响着我对"领导力"的理解。至今，我仍然无法忘记卡伦奶奶对我说的一段话："特蕾西，你要记住，领导者有不同的风格和方式，有的人温和，有的人霸气，但是不论怎样，一名优秀的领导者懂得怎样把握事态，给团队以信心和希望，用自己的一言一行最大限度地影响身边的人。"直到今天，我依旧把这句话当作自己的座右铭，并且希望自己真的有一天，能够最大限度地影响到身边的人。

2010年，我15岁，第一次离开父母七周的时间；第一次置身全英文的环境；第一次七周几乎不碰手机不发邮件不用QQ；第一次穿抹胸礼服；第一次穿泳装听到姐妹们夸我"性感"；第一次和一群女孩儿看现场直播的世界杯决赛；第一次感受什么叫"团队"；第一次深刻领悟"领导力"的内涵……那个夏天，我终生难忘。它足以为我插上翅膀，让我飞得更高更远。

有妈的孩子是个宝，没妈的孩子像根草。

倾诉时间：2011 年 4 月 28 日

倾诉人物：宋艺文

倾诉地点：天津市第二看守所

这是一次特殊的采访，受访人宋艺文，17 岁，因为编造及故意传播虚假恐怖信息罪被判刑一年。这是一个因为没人管教而步入歧途的孩子，他的背后，是一个不堪的家庭。在管教谈话室见到他时，我的心情非常复杂，既有对一个孩子沦落后的惋惜，又有一种莫名的感伤，这样一个孩子，有着怎样的成长经历呢？

宋艺文向我讲述了一个嗜赌如命的父亲对家庭的伤害。他的神情和言语，充满了对父亲的怨恨和排斥，也充满着对母亲的思念与愧疚。父亲是孩子通往外部世界的引路人，在孩子的成长过程中，无论是习惯的养成，还是情感的培养；无论是知识的学习，还是品质的塑造，父亲的角色对孩子都有着巨大的影响。因为父亲的劣迹，宋艺文排斥他，却又在不知不觉中烙下他的痕迹。几个月的铁窗生活让他开始反思自己的家庭和成长，也让他盼望着早日出去，弥补对母亲长久的亏欠。

生活中总有一些变故让人瞬间长大，只是，不要让孩子们付出太大代价！

Chapter 21
没妈的孩子像根草

我进来五个多月了，爸爸始终没有露过面。监舍里的人不管岁数大小，都有家人探望，我难过又嫉妒，感觉自己像被人遗忘的一根草。

睡不着的时候，我把和爸爸妈妈在一起的日子像放电影一样回想一遍，想起的都是爸爸不好的地方：赌博、酗酒、打架。我不太想得起妈妈的样子了，他们离婚后，我很久没有见到她了。

我们家以前算是有钱的，那时爸爸和姑父合伙做买卖。后来，姑父去深圳办公司，爸爸却迷上赌博，把家里的钱输得精光。小学我是在深圳读的，那时爸妈在姑父公司帮忙。姑父给爸爸开的工资很高，但爸爸不好好做，一个月上班的时间不过四五天。我10岁以后，妈妈一个人挣钱养全家，爸爸则每天泡在牌场里，总是几天不回家。妈妈对我说："你爸不赚钱也就算了，只要他不惹事，我们这个家还能保全。"但是，爸爸那样的一个人怎么会不惹事呢？输钱了，他就拿妈妈当出气筒，对妈妈痛下黑手；没钱了，他去爷爷奶奶家要，爷爷不给，他拉着爷爷到马路上撞车。甚至有一次，他用菜刀把自己的小手指剁下来威胁爷爷，我看着那根飞落的小手指，心中充满恐惧。因为借钱赌博，所有的亲戚都被他得罪了，没人愿意和我们家来往。他还和人打架，大年三十吃年夜饭时，他跑到别人家把桌子掀了、家具砸了，把人打残废了。家里的钱被他输的输，赔的赔，这些事一天都说不完，我既恨他，又怕他，觉得还不如没这个爸。

从我四五岁开始，爸妈就经常打架。爸爸打妈妈特别狠，用皮带抽、椅子砸，打完后地上全是妈妈的头发。妈妈很可怜，一周至少有四五天挨打，浑身是伤。她不像别的女人，挨了打也不往娘家跑，也不和舅舅、外婆念叨这些事，每次被打后只是对着我哭。她一直忍到我 16 岁才和爸爸离婚。最后一次见她，她抱着我哭，说你要理解妈妈，但凡有一点儿办法，我也舍不得离开你。你要好好做人，长大了千万别像你爸爸。妈妈离婚不久就改嫁了，我归爸爸抚养。我不恨她，我恨的是爸爸，没有他，妈妈不会离开我。没多久，我也离开了那个家。

对妈妈，我有着深深的愧疚，这是这几个月来我想起妈妈时才意识到的。妈妈在我身边的时候，我对她的态度并不好。在深圳时我们租房住，爸爸经常不在家，妈妈既要上班又要照顾我，每天很辛苦。我那时调皮、不听话，在学校经常惹事，小学五年级时我辍学了。因为怕我在外面学坏，妈妈给我买了台电脑，我整天泡在网上，不分昼夜。每天上班前妈妈都要问我吃什么菜，下班后捎回来做给我吃。晚上也会问我吃什么夜宵，每次我都不耐烦地回答她："爱吃什么吃什么。"后来发展到我一不顺心就骂她。我们住的房子是很大的一间，屋的中间用一道屏风隔开。我因为通宵上网聊天，吵得妈妈睡不好觉，每天早晨她的眼睛都是肿的。因为熬夜，我学会了抽烟。有一次，我找她要钱买烟，她不给，我很生气，拿起剪刀向她丢过去，剪刀正扎在她的脚上。我以为只破了一点儿皮，后来看到妈妈站不起来了，特别害怕，拿创可贴帮她贴，贴不住，脚上全是血。后来她去小诊所买药，自己处理了。因为没人管教，我对妈妈呼来喝去，做过很多过分的事，现在想起来，后悔莫及。在深圳的那几年，有妈妈每天对我嘘寒问暖，是我最幸福的时候，我却不懂得珍惜。

我 14 岁的时候，举家从深圳回到武汉。妈妈和爸爸在一次争吵后，回农村老家了。我也离开爸爸，漂在外面，结识了很多社会上的小混混儿。

那是一段脱缰野马般的生活，没人管了，我觉得彻底解放了。

我在武汉的一家网吧做过网管，做了两三个月觉得辛苦，不做了，每天和网吧里认识的一帮狐朋狗友闲逛。没钱了，就从爷爷奶奶家偷拿钱，一次五六千，住宾馆、喝酒、去 KTV，钱用完了，再去爷爷家偷，前前后后共偷了他们四五万块钱。我花钱大手大脚，请朋友吃饭一次花几百块钱眼都不眨。爷爷用爸爸的例子教育我，我不以为然：他那么坏的一个人，我怎么能像他呢？花钱时我很冲，觉得这样做在朋友面前有面子，不会想爷爷奶奶做生意的辛苦。和我们混在一起的人里有个中学生和我一样大，是武汉十中的学生，学习原来挺好的。因为被我的这些朋友打劫，他每月向他们交保护费。后来同学中有谁被欺负了，他就找这些人出面摆平，逐渐成为同学眼中的“老大”，再后来他也辍学了，和我们混。我现在才知道这个年龄段的人结交什么样的朋友很重要，我每天瞎混不觉得怎样，但看到一个好学生被我们带坏，挺为他可惜的。

跟这些人在一起我还是掌握分寸的，吸毒、打架、抢劫我从来不做，他们嘲笑我，说我不像个男人，我沉默。虽然我在别人眼里不是什么好孩子，是非观念也不是很清楚，但像吸毒之类的事我从心里反感，就是偷钱，我也只偷爷爷家的。

我们一帮人闲着无聊，从网上查了很多电话打着玩，说白了，就是打骚扰电话。看那些朋友玩，我觉得挺有意思的，也拨通了天津一个单位的电话，说他们那里有炸弹。当时没想到这是犯罪，如果知道我肯定不会这么做，说实话，真想让我犯罪的话，我还没那个胆量。

进到这里，我把自己这些年的生活想了一遍，感觉最对不起的人就是我的妈妈。有妈的孩子是个宝，可惜我到现在才明白这个道理。我有爸爸，但我没享受过父爱，他不打我就是我的幸福。妈妈为了我，吃苦受累，忍受了爸爸多年的暴力，但我从来没有好好对待过她，更谈不上报答。

妈妈改嫁后，我在离农村老家不远的镇上见过她一次。我去那里玩，无意中看到一个女人和一个男人在修摩托车。那个女人的背影很像妈妈，我绕过去看，果然是她，她身边的那个男人应该是她改嫁后的丈夫。那次我躲在远处看她很久，但是我没有走上前去和她说话，一来不知道怎么面对那个男的，二来不好意思。我听外婆说，妈妈嫁的这个男人的前妻得癌症死了，留下三个孩子，我怕妈妈在那个家会受委屈。电视里不是演过很多后妈无论怎样做，都博得不了前妻孩子的喜欢吗？我在监舍里看电视，每次有后妈的角色，我都想我妈会不会在那个家受罪，小孩会不会骂她，那个男人会不会打她。

我给家里写过信，写好后又被我撕掉了。我说什么呢？对谁去说呢？爷爷奶奶那么大岁数了，我又偷了他们那么多钱，他们对我早就失望透顶了吧。妈妈呢，我都不知道她嫁的那家在哪里，怎么找到她？爸爸呢，我对他的感情很复杂，想起他就恨。我进来五个月他不来看我，我一再宽慰自己是他没有收到法院的信，我宁可相信他不知道我现在的境况，也不愿承认他对我根本就没有责任心。我不指望他为我做什么，但哪怕他只寄一封信来，也会让我感觉他还有那么一点点人性，值得我去叫他一声“爸爸”。

我这五个月来想得最多的，就是出去以后要怎么报答妈妈。我出去后一定要找到她，买个礼物送给她，弥补这些年我对她的亏欠。我还要好好做事，像个正常人一样成家立业，让妈妈为我感到自豪和骄傲。

今天所做的一切，都是在为将来的梦想编织翅膀。梦想，在现实中已经振翅欲飞。

倾诉时间:2011 年 7 月 22 日

倾诉人物:张金硕

倾诉地点:《天津中学生》杂志社

2011 年 6 月，因为孩子高考填报志愿，我开始接触各类高校招生信息。面对铺天盖地的招生宣传，我突然意识到，原来在选择高校方面，家长和孩子都是被动的、迷茫的。家长的迷茫在于，不知道哪一所高校更适合孩子；孩子的迷茫在于，不知道学什么专业更适合自己。

2011 年 6 月 24 日，各高校招生咨询会在南开大学举行，众多考生和家长云集于此。穿梭于各招生咨询点的我精疲力竭，在人群中小憩的时候，我注意到旁边立着一块展牌：中科大（中国科学技术大学简称）2011 届天津毕业生去向。介绍称：有一半毕业生被美国高校以全额奖学金录取为硕士研究生，其余则在国内各高校继续深造。在那些赴美读研的学生名单中，我记住了一个名字：张金硕，他的去向是美国麻省理工学院。几经周折，我见到了张金硕，并和他进行了深入交谈。张金硕以他的切身经历告诉今天的中学生，该如何选择大学，该怎样让梦想成为现实。

Chapter 22
从中科大到麻省理工

我的中学时代是在天津实验中学度过的，初、高中都在理科实验班。单论成绩的话我那时并不突出，在班里属于中上等水平。我的理科成绩好，曾获得省级物理竞赛一等奖，语文和生物成绩则差些。上高中时我就意识到，因为偏科，我如果正常参加高考并不占优势，我得走保送这条路。上高三后，我开始参加各高校举行的保送生考试。当时很盲目，对高校及专业不了解，所以，也谈不上思考将来的发展方向。其实，大部分高中毕业生面临高校选择时都是这种状态。

我一口气报了清华大学、上海交通大学、浙江大学、南京大学、中国人民大学、中科大的保送生考试。第一个考的是清华，没考上，这件事对我刺激很大。之后，上海交通大学、中科大、浙江大学都考过了，南京大学和中国人民大学对我实行了免试。有这么多高校摆在眼前，我犹豫了，不知该如何取舍。

当时面临的第一个难题是，学理科还是学工科？学工科的话，上海交通大学是最佳选择。不过那时总觉得学工科虽说毕业后容易找工作，但一辈子凭一门技术吃饭，不会有太大发展空间。而且，我学了十几年理科知识，对工科不太了解，也说不上什么兴趣。几经犹豫，我坚定了学理科的信念。在理科院校中，浙江大学太大了，质量没有保证，只能在南京大学和中科大之间选。最后为什么选中科大呢？一是由于我数学老师的“怂恿”，数学老师和中科大天津招生组的金教授比较熟，上课的时候经常替中科大做宣传；二是我觉得中科大的学风好，那时在社会上流传一句话：“中国之大，只有中科大能放得下一张平静的书桌。”我认为中科大的踏实学风比较适合我。

对于我的选择，有很多人不理解。有人说，浙江大学全国综合排名第三，上海交通大学就业好，为什么不去这些院校而选择中科大呢？他们对大学的评价来自网上的大学排名。

现在回过头来看，当年落考清华一事，反而是我人生的一个很大收获。如果当初考上清华学工科的话，今天的我出路就不是这样了，肯定走上了一条完全不同的路。另外，那次失利也刺激我努力学习，大学四年我比高中时还要刻苦，也是因为去不了清华，心中憋了一口气。我的经历告诉我：在面临选择时，不一定要选最好的，但一定要选最适合自己的。

我对中科大的第一印象是校园很安静，白天基本上看不到什么人，晚上11点时最热闹，那时学校自习室关灯了，人们从各个学院的教学楼里涌出，我才知道，学校原来有这么多的人啊。安静、低调、踏实，中科大的氛围和我的想法不谋而合。

开学典礼的那天早上，我们8点钟到礼堂集合，先学唱校歌。8:30典礼开始。我们都觉得开学典礼肯定是领导们冗长的讲话，那时，中科大的校长是朱清时。而事实是，只有朱校长一个人发言，他只讲了10分钟。10分钟后，他说：“开学典礼到此结束。”大家特别吃惊，中科大果然有个性。

四年中，大一这一年对学生很关键，因为有个尽快融入新环境的问题。我算是适应能力比较强的。一方面，因为保送，我提前结束了高三生活，在家玩了整整半年，玩得都烦了，就想好好学习；另一方面，中科大的师兄、师姐帮了我不少忙，他们告诉我很多有效的学习方法，让我少走了很多弯路。

中科大的学习氛围很浓，所有人都在努力，不知不觉就会带动你融入其中。记得开学不久，我还闹了一个笑话，寝室同学习惯在宿舍里读书，我则去自习室看书。有同学家长来校看孩子，看我天天不在寝室，担心我跑出去上网了，这个同学的妈妈和另外一个同学的爸爸晚上就去各个教室里转，发现我在看书才放下心来。

我的生活比较简单，白天上课，晚上上自习。大一第一学期，我出校门的次数不超过五次。学习有强大的动力，也没人强迫，就觉得踏踏实实看书挺舒服。我们偶尔也会通宵看书，这算是中科大学生的另一种娱乐方式吧。有一年的中秋节，同学给我发短信："迎中秋活动，欢迎来理化大楼刷吉米多维奇，赢者奖吉米多维奇第二册一本。"看完我就乐了，他想通宵看书，一个人觉得无聊，就拉我为伴。

中科大的学生竞争很激烈，但都是良性竞争，不会搞一些小动作。高年级的学生在新生入学不久会召开迎新座谈会，以过来人的经验告诉新生该如何学习，甚至详细到哪本书适合看，哪本书随便翻翻就可以了。我有问题请教同学，同学不会有所保留；同样的，我也会毫无保留地把我知道的东西全部告诉同学。因为大部分人将来都想出国，大家的竞争对手是各个国家的优秀学生，共同提高的话，就提高了大家在国际上的竞争力。

中科大的老师平易近人，没什么架子。夏天，我们在学校里经常看到一个老头穿着破背心，骑着破自行车，其实他是个院士。老一代科学家不图名不为利，勤勤恳恳地在科研领域耕耘着，这在中科大比比皆是。而且，中科大老师责任心很强，特别喜欢独立思考的学生，哪怕所提问题很幼稚,也会耐心地一一解答。

大一、大二学基础课,大三的时候我在导师和师兄的带领下,进实验室做新型高温超导材料研究，这期间有两篇论文发在英文期刊上。我去麻省理工深造,研究方向就是超导材料,中科大每年都有不少学生被美国名校录取,这也是中科大的骄傲。美国人对外国学生看中三点:一是你的学习能力;二是你的科研能力;三是你的英语能力。学习能力主要着大学四年的平均成绩;实验能力是看有无科研论文公开发表,如果有的话,就是闪光点;英语能力指的是标准化考试:TOEFL、GRE 及英文申请材料、简历、个人陈述。我的专业成绩还是不错的,在物理系排名第四。TOEFL 一共考了三次,满分 120 分,最高的一次考了 110 分。大学四年我付出挺多的,除了大一时在家过了一个完整的寒假,其他假期大部分都在学校度过,比初中、高中都累。大一暑假回家,我对妈妈说:“这哪是上大学,是上了一年高四!”而这样的状态,一直持续到大三结束。大学和中学最大的区别是,中学是被动地学习,而大学是主动地学习,这是每一个想有所发展的学生必须学会的。

大学四年中有三个人对我影响很大。第一个是班里的一位同学,物理成绩相当牛,上高中的时候进了国家集训队。上大一时他不上课,也不看书,期中考试高等数学和物理全考满分,当时觉得他好厉害啊,也因此倍感压力。等到大一结束的时候,他的成绩就不太好了,我猜是因为高中搞竞赛时,大一的课程他都提前学过,所以变得骄傲了。他后来被保送上了中科大的研究生，这个结果和他刚入学时的成绩比,有点儿可惜了。由此我认识到,在中科大学习,没有“吃老本”一说,只能靠持之以恒的努力。第二个人是物理系的陈仙辉教授,他在超导领域已经研究了 20 多年，现在在国内名气很大。听师兄讲，陈教授是在 2008 年 3 月的时候,因为论证了新的超导体而声名鹊起的。当时做这个实验的,还有日本的科学家。2008 年,因为奥运会的原因,北京禁止运送化学试剂。陈教授为了抢时间，自己跑到北京买试剂，偷偷地运回来，然后通宵做实验，结果确定后又马上写成论文，发给国际权威学术期刊《自然》。他的这个成果比日本科学家早了两天，引起世界轰动。他算是国内顶尖的教授了，但我每天晚上 11 点钟离开教室的时候，都看见他实验室的灯还亮着。他不是为了名声才这样努力的，因为那个时候他已经功成名就了。只有对科研事业执着热爱的人，才会这样勤奋。第三个对我影响很大的人是我的师兄。他热心于公益活动，做什么都全身心地投入，每天精力无限。他代表中科大去美国参加遗传学基因工程大赛；作为特教帮助盲童；喜欢旅游，曾跑去西藏玩了半个月；实验做得也很出色。后来他被美国斯坦福大学全奖录取了，他超强的能力让我佩服不已。

在中科大，从老师到学生牛人很多。中科大一直没有扩招，实行的是精英化教育，人才培养目标是未来 10 年到 20 年科研领域的领军人物。我们宿舍一共有五个人，本科毕业后五个人都选择了继续深造，两个去美国，一个去澳大利亚，另外两个保送为中科大的研究生。但是，中科大每年也有 6%左右的学生被退学，都是因为沉迷于网络游戏而荒废了学业的人。很多人以为上了大学一切就万事大吉了，其实大学不是终点，而是起点—— 一个更艰辛、更需要你付出的起点。

联系国外大学是从大四前的那个暑假开始的，一共申请了近 20 所美国高校，提前拒掉了一些，为的是给别的同学更多的机会。最后我拿到五六所美国高校的录取通知，麻省理工学院是第一个，我最终也选择了它。

四年下来，我更踏实、成熟了，学习上的主观能动性也更强，这是我在中科大最大的收获。还有，我的实践能力和创新能力通过科研有了很大提升。中科大也有一些学生成绩特别好，但科研能力差，因为他们没有自己的想法，学习上只能被动地吸收。

比起设定长期目标，我更喜欢设定短期目标。比如初中三年级的时候就想将来上个理想的大学。怎么上理想的大学呢？因为偏科，就选择了走竞赛这条路。高中毕业选学校也花了很多心思，选中科大是为了读完本科后出国深造。为了能出国，这四年该怎么做就有了明确的思路。我现在的打算是，在美国再读一个双学位，如计算机或经济学，硕士毕业后在美国找一个好工作，之后看能不能有机会在跨国公司的中国区发展。

在中科大四年的学习和生活，我收获很多：2008 年、2009 年两次获得中科大优秀学生奖学金金奖；2010 年获宝钢优秀学生奖学金；2011 年被授予“中国科学技术大学优秀毕业生”称号。无论我在何处发展，中科大教给我的勤奋、朴素和踏实作风，都会成为我人生中的宝贵财富。

母亲是孩子的第一所学校。母爱是女人心中简单、自然、丰盈的资源,也是孩子健康成长的养料。

倾诉时间:2011 年 11 月 20 日

倾诉人物:王芯

倾诉方式:网络

王芯断断续续的讲述,勾画出一个女孩和妈妈多年的矛盾纠葛,这是我不能想象的。在我的心目中,儿子也好,女儿也罢,都是妈妈手心里的宝,怎么可能去冷淡、伤害呢?母亲是孩子的第一所学校。母爱是女人心中简单、自然、丰盈的资源,也是孩子健康成长的养料。

在王芯妈妈成长的过程里,可能有着不为人知的经历,造就了她为人处世的凌厉和冷漠。只希望,王芯妈妈能看到这篇文章,反思自己的言行对孩子的伤害。爱,是父母给予孩子最好的礼物,有了爱,女儿是妈妈温暖的“小棉袄”,才不会是一句空话。

Chapter 23
我想做妈妈的"小棉袄"

都说女儿是妈妈的"小棉袄",贴心又温暖。可是这么多年以来,我和妈妈之间一直没有这种贴心贴肺的感觉,有时我都怀疑,她是我亲妈吗?

如果要概括一下我妈的性格,那就是固执、怪僻、冷漠。从我记事起,我们家就没有特别热闹的时候,爷爷奶奶、姥姥姥爷都不在本地,爸爸妈妈也很少和同事来往。我妈和我爸平时在家里不怎么说话,一个看电视,一个做家务。仅有的交流只在饭桌上,他们才有一搭没一搭地问问我的学习情况。有时我在马路上看到年轻的父母对自己的孩子百般呵护,又亲又抱,孩子咯咯地笑个不停,我就会羡慕不已。为什么我的父母不这样对我呢?

有天早上,听到妈妈说要洗衣服,还躺在床上里的我就说我也有衣服要洗,帮我一块洗了吧。可我起床吃过饭后,在整理房间的时候,才发现我堆在门后要洗的衣服原封未动。是妈妈忘了,还是根本就不想管我呢?因为有内衣,想想还是自己洗吧,反正从小学五年级起,妈妈就让我自己洗内衣了。11月份,我们这边已经很冷了,家里没有热水，我只能用冷水把衣服洗了。洗的时候，我还幻想着，妈妈会不会过来关心我一下，问我洗衣服用的是冷水还是热水，手冷不冷？我还想，妈妈看到我买的新内衣，会惊讶地问什么时候买的，称赞一下我的眼光。可是，没有，一切都只是我自己的痴心妄想。

洗完衣服后，我去阳台晾衣服，妈妈也在阳台上，正织毛衣。我说："妈，让一下。"她头也不抬地挪挪身子。我晾好衣服，妈妈开始对我抱怨爸爸，她说的那些话我都快背下来了。我很纳闷，从小和妈妈在一起，她很少跟我讲做人的道理，我听到最多的就是她对爸爸的抱怨，甚至还有辱骂。但当着爸爸的面，她却是另外一副模样，我爸说什么是什么，看似很维护他。我们家的事一般都是我爸做主，如果我爸不同意，我妈从不违背。当面顺从，背后诋毁，这就是我妈给我的印象，她这样是不是很虚伪？

妈妈也经常数落我，说我这不好那不好，有时连看都不看我，只顾说，甚至闭着眼睛还数落个没完没了。我实在听不下去了，就把耳朵堵上，或者躲到厕所里不出来。

我和妈妈的关系让我很郁闷。有时和同学聊天，我会有意识地问她们的妈妈对她们怎么样。我特羡慕那些被妈妈呵护的同学。我同桌的女生每天都带一个饭盒，里面是她妈妈帮她削好的水果，她吃的时候也会分给我一些，我心里酸酸的，真是羡慕嫉妒恨啊！

我曾试着和妈妈沟通，但往往谈不上几句，就招来她一顿臭骂。

于是我开始写日记。尤其是被她莫名其妙数落后，我更是坐在桌前写啊写的。有时爸爸走过来，笑嘻嘻地看着我，问我在写什么，我就把本子盖住。

有时妈妈在另外一个房间，看我没动静，就会突然闯进来说："你驼着个背在写什么啊？桌上乱糟糟的，也不收拾，赶紧收拾！要不然我把你的本子撕了！"

我已经习惯了她这样讲话。也许，在她的心里，她一直是看不惯我的。她从来不说我的好话，一张嘴，就充满了尖刻，我欠她什么了吗？

因为妈妈，曾经有一段时间我很难过，但我不想哭，因为我知道，眼泪没有任何价值。可是，我还是会被她的话刺中、刺伤——“你就不能快点儿吗，磨磨蹭蹭的！”“你想累死我吗？你们谁管过我？！”“就你这样，将来能有什么出息啊？”唉，我大度点儿吧，不要再难过了；唉，以后我做得好点儿吧，不要挨我妈说了。可是有哪一天她不说我呢？她还把我给她买生日礼物说成是乱花钱，说花的还是她的钱，让我伤心不已。

从小到大，她从来看不到我的优点。我和同学在一块，她们都很喜欢我，可为什么到妈妈那里就全是责备呢？奇怪的是，在这些责备背后，我并没有看到她为我树立了什么榜样。我家的厨房很乱，有一次，我把它收拾得很整洁，爸爸表扬了我，要妈妈学习学习，妈妈一脸不屑，这件事到现在我都记得。后来，再有收拾厨房的活，妈妈就让我干，好像在报复我。我想，父母对孩子应当言传身教。我以前跟妈妈讲过：“有什么样的父母，就有什么样的孩子，所以，你们不能把不是全推给我。”她听完就火了，说：“你就不能学学我们的好？还敢教训我？你有什么资格挑剔？”我无言以对。

值得庆幸的是，我不会用妈妈那样的语气说话。我和妈妈是截然不同的两种人，她尖刻，我温柔，从来不会说那种带有人身攻击的话。我上高一的时候，有一天晚上，因为一件小事，我妈一着急就说了很重的话：“你要看不惯，就从这个家滚出去，你滚了，我更省心，养你这么多年我图的是什么？”这话，如果我还小，会不以为意，可毕竟我已经长大了，这话真让我接受不了。我花了将近两天的时间平复心情，那两天里，想起这些伤人的话，我的眼泪就会不由自主地流出来。我妈始终不明白我为什么哭，她不记得对我说过什么，那些伤人的话，她说完就忘了，甚至不觉得有多么伤人。也有同学劝我说，你们之间缺乏沟通。可我想说，我和她根本无法沟通，每次沟通基本都不成功。每次沟通，我讲自己的感受，恳求妈妈多理解。说到痛处，我还会哭，一直哭，她坐在我旁边要么反驳我几句，要么就不接茬儿，一言不发。看得出，她并不喜欢和我沟通，也许，我们之间存在很大的鸿沟。

有时我试着从她的角度看问题，极力营造出比较和谐的气氛，她才会平静地与我聊聊。但是，这样的沟通有用吗？她只想让别人理解她，她却完完全全不理解别人，包括她的女儿。

因为被她伤害，我经常像蜗牛一样躲起来，躲在自己房间里一个人默默哭泣。我发现，现在的我特别爱哭，感情变得特别脆弱。在学校里，往往因为一件不起眼儿的小事，就没完没了地掉眼泪，同学都说我，怎么那么多愁善感啊！现在，只要被我妈数落了，我就躲在阳台上的一个角落哭个不停。她会照常在屋里走来走去，忙这个忙那个，就是不过来管我。这个时候我就想，我不能再指望着依赖父母了，我长大了，什么样的事情，什么样的选择，不管对与错，都要自己去承担。

但是，从心底来说，我还是渴望做妈妈的小棉袄，渴望妈妈能够理解我、关注我。我们可以一起聊天，一起逛街，我把自己所有的秘密都跟她分享……

梦是一种欲望，想是一种行动，梦想是梦与想的结晶。

倾诉时间：2011 年 12 月 7 日

倾诉人物：莫飞

倾诉地点：天津河西区珠江道某咖啡店

莫飞是复读生，因为想实现做建筑家的梦想，他放弃了已经考取的大学，选择了复读。几个月下来，他对复读生活有了诸多感受，于是约我见面。在四个小时的交谈中，莫飞既有对过去高三生活的无限眷恋，又有复读后的忐忑和迷茫。这是一个为梦想而战的男生，单纯、执着，带给我很多感慨。梦是一种欲望，想是一种行动，梦想是梦与想的结晶。从这点来说，我想给予他鼓励和祝福。

Chapter 24
为梦想而战

坐在教室里，我想的最多的画面，是几个月前，我和朝夕相处了三年的同学们一起奋战苦读、迎接高考的情景，那段日子真充实、真快乐啊！如今，曾经的同学们都在各自理想的大学开始了崭新的生活，我却坐在另一所中学的教室里，和一群陌生同学开始重复高三生活的枯燥和紧张。开始还不觉得什么，几个月下来，我却有了不同的感受。这样的经历，值得我去记录。

2011 年，我的高考成绩是 517 分。当声讯台报出成绩时，我都傻了，是不是老师判错了，或是录分出问题了？我的估分是 550 多分啊，这相差也太悬殊了！更重要的是，这意味着我当建筑家的梦想随之破灭了。

我从很小的时候起就喜欢画画，上小学时，闽侯路小学旁的金皇大厦刚刚建成，我感觉特新鲜。放学后，我就坐在马路对面，用书垫张白纸对着大厦画素描。

妈妈对我画画持反对意见，说我不务正业，瞎耽误工夫，主要还是因为我的学习成绩不好。从小学到高中，我的成绩一般，学习时注意力不集中，写作业只要超过半个小时就写不下去了。但只要一拿起画笔，我就会聚精会神，画多长时间也不觉得累。我的画稿有一厚摞，画的有老师讲课时的神态，有同学玩耍时的表情，书上、本上，到处都是我信手画下的作品，美术老师看到后特别吃惊，她说我在这方面有天赋。

上高三后，学习陡然紧张起来，作业铺天盖地，三天一小考，五天一大考，考得我晕头转向。同学们都在努力学习，我却不知怎么，生物钟突然紊乱了。每天晚上 7 点钟到家，吃完饭就犯困，迷迷糊糊倒头就睡，睡到夜里 11 点多钟起床，写作业到凌晨一两点钟再睡。这样的作息时间，使我形成恶性循环——上课瞌睡，半夜精神，成绩直线下滑。

别人都说高三生活苦不堪言，我却有着我的乐趣。我们班氛围好，同学之间很和睦，男女生之间也没有隔阂。老师也说我们班课堂气氛活跃，有问有答，不像别的班上课死气沉沉的。高三这一年，我每天都带着相机上学，照了一千多张照片，有老师讲课的，有校园活动的，有同学下课打闹的。后来，每一张照片都成为我的宝贵记忆，能勾起我的无限怀念。

我从高三起就对未来的专业有了明确意向——学建筑。我查询了各高校建筑系的情况，最好的当然是清华大学建筑系，只是这个目标距离我太远了。退而求其次，我选择了天津大学和同济大学的建筑系。有了明确目标，我就天天沉浸在自己的美梦中，觉得高考后就可以实现我的建筑家梦想了。

成绩揭晓，我当时就蒙了——517 分，只比一本分数线多了 2 分，我的心一下子就掉进了冰窟窿里。这样的成绩刚过一本分数线，之前的所有选择都得推翻重来，妈妈怕落埋怨，把志愿选择权交给我。那几天，我天天上网查各高校录取分数及专业情况，脑袋都大了。查的过程中，有一个信念越发坚定，那就是非建筑专业不报，否则，我宁可复读。最后，我填写了太原理工大学、华侨大学、贵州大学的建筑系。每所学校可以有六个专业选择，我只填一个建筑系，剩余五个我全部空着。交表时，老师惊讶地说："怎么只选这一个专业啊，这样有风险。"我不予理会，为了心中的梦想，我豁出去了。

二十多天后，录取通知下来了，我被贵州大学建筑系录取，亲朋好友向我道贺，我却陷入极度纠结中。我不甘心，我想复读。

妈妈尊重我的选择，她说："希望这一年你知道努力，不愧于家里的付出。"在妈妈的支持下，我报了全市最好中学的复读班，一年复读费三万元。

这个学校的复读班分攻坚班（招三本分数线不到的学生）、精英班（招一本分数线以上学生）和普通班。精英班学生与学校其他高三学生同等待遇，穿校服，作息时间同步，配备各学科最好的老师。据班主任介绍，精英班去年有一半学生考到了650分以上，每个人提升几十分到100分不等，这让我们精神大振，信心倍增。

我在精英班，班里一共有24个人，有高考发挥失常而复读的，有因非清华、北大不上而复读的，还有一些是外地学生，我的高考分是班里最低的，总的感觉是，牛人很多，压力很大。因为是复读生，同学之间很少交流，下了课都在座位上看书，班里气氛很沉闷，这让我更加怀念已经毕业的高中同学们。几个月前，我们还在一起共度紧张而快乐的高三时光，几个月后，我却感受着别样的寂寞和孤独。课间的时候，我会挂上QQ，看谁在线就和谁聊几句。同学问我，有压力吗？有，怎么会没有呢，但比压力更让我感觉难受的，是环境变了，同学变了，一切都不那么自在了。

老师也不断地给我们施加压力。这个老师说："你们交了三万块钱，除去星期天、寒暑假，每一天合二百块钱。如果你们不好好学，对得起家长每天的二百块钱吗？"那个老师说："你们这一年下来，什么都比原来的同学慢了——毕业晚一年，考研晚一年，结婚晚一年。你们为了这一年付出的代价太大了，这一年就要好好学，考个理想大学……”

复读班学习强度很大，作业繁多，每科平均有三本复习资料，每天都有一厚摞的卷子要做，每晚我都要写到夜里12点才能睡觉。好多题以前都做过，一遍遍地重复，做得我都怵了。这次月考，一看数学卷子的最后一道题我就乐了，光去年就做了三遍，连题号都没变。复读班的同学之间也彼此暗暗较劲，有个女生是从北京过来复读的，她把年级前十名同学的名字都记下来，下课指着这些名字说：“这些都是我的‘敌人’，下次考试我一定超过他们。”

复读的这几个月里，我没玩游戏，没画画，每天泡在题海里，写不下去了也坐在书桌旁发呆，想我原来的同学，想几个月后的再一次高考。既然因为执着于建筑学的梦想而选择了复读，无论怎样，我都要尽最大的努力去实现它。

爱,让青春闪亮;梦,让生活灿烂。

倾诉时间:2012 年 2 月 22 日

倾诉人物:刘超

倾诉方式:来稿

刘超是南开中学高三(1)周恩来班的学生,任校学生会副主席、生活部部长和校学生社团联合会主席,多次获得市级三好学生、市级文明学生称号。2011 年,她当选为天津市第十二届十佳中学生;2012 年,作为南开中学优秀学生,她成为“北京大学校长实名推荐制人选”之一。在青春追梦的路上,刘超回顾了六年来在南开中学这片沃土上从青涩慢慢走向成熟的成长历程。爱,让青春闪亮;梦,让生活灿烂。

Chapter 25
爱,让青春闪亮

一

小学时的我,就一直向往着美丽的南开园,小升初我以优异的成绩顺利升入了南开中学初中部。在南开中学艰苦奋斗、严谨踏实的学习氛围下,我脚踏实地,刻苦努力,保持着良好的学习习惯,中考时,以优异的成绩升入南开中学高中理科实验班。在高中,我的学习成绩排在年级前二十名。2011 年暑假,我被学校推荐参加北京大学举办的优秀中学生夏令营活动。在北大夏令营的五天里,我深深地领略了北大的魅力,爱上了美丽的燕园。那时我就立下志愿,要成为北大的一员。前不久,我有幸成为"北京大学校长实名推荐制人选"之一,梦想的大门向我徐徐开启。我知道,这不仅是大家对我的肯定,更是一种期望,只有播下付出的种子,才会收获梦想的果实,我会向着我梦系之地不断前行,永不放弃。

我热爱学习,从书本中获得知识的那份快乐,在我最脆弱的时候给了我前进的力量。初中时的物理老师对我说:"你并不适合参加物理竞赛，虽然物理是你最喜欢的科目。”但我没有放弃，对物理的热爱让我坚持到最后，最终我获得了全国初中应用物理知识竞赛一等奖，我还获得过初中化学竞赛一等奖，信息学奥林匹克联赛市级一等奖、全国二等奖。

我热爱写作，希望能够用文字记录成长，抒发感悟。我常常把学习生活中的一些小事整理成文。我的文章《情满校园》《谁知我心》被刊登在《今晚报》上。我的英语文章《The Light of Love》被刊登在学校的英语期刊上。

学习是我通向成功的必经之路，对知识的热爱让我能够更好地认识这个世界，更深地感受生活。

二

高中阶段是人生观、世界观形成的重要时期，我在这一时期确定了自己的信仰和追求，我递交了入党申请书，希望能够早日加入党组织。我积极参加党课学习，定期向党组织汇报思想。2011 年暑假，我有幸作为天津市两名中学生代表之一，赴京参加了为期一周的中共中央党校全国优秀青年党史教育学习班。

在中共中央党校的七天让我至今难忘，聆听名师教诲，了解党的光辉历程，涤荡思想，茅塞顿开，信念更加坚定不移。我忘不了全国人大常委会副委员长顾秀莲奶奶对我们的殷切期望，更忘不了 76 岁高龄的陈雪薇教授为了让我们能够更好地理解课程内容，为同学们精心准备的二十多页讲义。和来自名校的大学生优秀党员们交流，他们的真诚和坚定的信念让我深深感动。记得一位学姐说：“大家就像是连在一起的一大串铁环，我要永远做其中那个不锈的铁环，这样，挂在我下面的铁环也就不会生锈。”她的话让我更加深刻地体会到信仰的力量。

在南开中学的六年里，我从懵懂无知到被南开精神深深感染，

“允公允能、日新月异”的校训早已深深刻在我的心中,我在各方面高标准严格要求自己,努力使自己成为一名拥有“爱国爱群之功德,服务社会之能力”的优秀南开学子。南开中学杰出校友周恩来总理是我们学习的楷模,我有幸当选为南开中学周恩来学习研究小组的学生成员,并在周恩来学习研究小组成立大会上作为学生成员代表发言。我通过学习周恩来总理的事迹,通过学习《周恩来自述》和我校编写组编写的《以周恩来为人生楷模》的教育读本,自身的思想水平有了很大的提高。

对祖国和党的爱,对南开精神的爱,让我奋发向上,不懈进取。我的努力也得到了大家的肯定,我连续多年被评为市、区级三好学生、优秀学生干部和市级文明学生。

三

高中入学之后,我被选为副班长,协助老师和班长处理班里事务,在班主任老师的带领下和同学们一起建设我们的班集体。2011 年,我所在的班集体被评为南开中学周恩来班,同时被评为市级三好班集体。高一时,我还有幸入选校学生会外联部,并在高二的民主投票中以最高票数当选为校学生会副主席、生活部部长和校社团联合会主席。在工作中,我更加深刻地领悟到了一名学生干部的责任,这是一个成长的过程,更是一个让我爱上学生工作的过程。

我参与策划、组织学生会的各项赛事和活动,与其他学生会同仁一起圆满地举办了校运动会、英文话剧大赛、“红五月”合唱比赛、“谁与争锋”辩论赛、党史知识竞赛、生活摄影大赛等等,这些活动都获得了学校领导、老师和同学们的好评。我还多次用中、英文主持学校的大型活动,在著名的美国费城男童合唱团访问我校期间担任翻译,在南开特色功能讲坛作英文主持。

除此之外，接待来宾，让他们更好地了解南开园，也是我的责任之一。在南开特色功能讲坛上，我曾接待过经济学家吴敬琏先生，外交部前部长唐家璇先生，清华大学前校长王大中院士，央视主持人白岩松、敬一丹老师，等等。我还曾全程用英文接待新加坡南洋理工大学校长，加拿大萨斯喀彻温大学校领导等。记得第一次接待来宾时，我还有些青涩和紧张，讲解的声音还微微有些颤抖，而在一次次锻炼之后，大气的姿态、得体的微笑，说明了我的成熟。

记得在主持一次辩论赛时，场上意外停电，在略显慌乱的气氛下我出现了口误，我向观众深鞠了一躬，参赛选手、观众和评委老师们都给予了理解和肯定的掌声，那掌声响在我耳边，珍藏在我的心里，它成为我工作的动力，让我更加懂得了责任的重要。对每一项工作我都会全力以赴地去完成。每当看到任务圆满完成，给大家带来了快乐和收获时，我心中的喜悦和满足难以言表。这是一种责任，更是我付出爱后的最好回报。

四

作为一名南开学子，在南开精神的感染下，我深知奉献社会的重要。高一时，我作为心理社的成员，参加 SOS 儿童村的迎新年活动。我和孩子们一起游戏，送给他们小礼物和祝福卡片，他们的笑容是那样的甜美，我深刻地感受到了他们心中对爱的渴望。从那之后，我便决定，用自己更多的课余时间做义工，为公益事业奉献自己的力量和爱心。

我协助爱心联盟社团组织为贫困地区儿童捐书、捐衣物，和全班同学一起在天津市规划展览馆进行义务讲解工作，在天津市康泰老年公寓做志愿者义工。我还作为由我校同学组成的一支未成年志愿者队的八名队员之一，在天津市血液中心从事志愿者工作。2011 年我在血液中心完成了 50 小时的义工工作。当我看到每一名献血者忍受着献血时的疼痛，仍然微笑着面对我的相机镜头时，我心中的那份感动难以言表。我在为奉献爱的人服务，我和献血者们一样，都在奉献着我们的力量。我决定，当我达到规定的年龄，也要像他们一样，为需要救治的人献出我的爱心。

奉献是我青春道路上的一泓清泉，让我有动力、有热情去帮助需要帮助的人们。上进、勤劳、热情，铸就了一个充满爱的我。这份爱，铸就了我闪闪发亮的青春。

梦想不会抛弃苦心追求它的人。终有一天我们会沐浴在梦想的光辉中。

倾诉时间:2012 年 4 月 11 日

倾诉人物:高瑞琦

倾诉方式:来稿

高瑞琦是天津耀华中学实验班的学生,2011 年获全国中学生数学竞赛一等奖,物理竞赛二等奖。因为成绩优异,2011 年底,她成为耀华中学“北京大学校长实名推荐制”人选。在我不断地听说高瑞琦的优秀时,我更想知道的是,这样一个优秀生的成长历程。于是,应我之邀,高瑞琦写下这篇文章。文章的朴素、平和和真实令我感动,我也由此相信,梦想不会抛弃苦心追求它的人。终有一天,我们会沐浴在梦想的光辉中。

Chapter 26
像蜗牛那样努力

小学时因为父母要继续深造的原因，我曾随父母在成都读过三年书。在父母的影响下，我学会了对自己的学习做规划，每天回到家，一定要先完成自己的学习任务再做其他事情。回想起来，那段时间培养的良好学习习惯真的让我受益匪浅。后来妈妈带我回到了天津。刚回来的时候，这里的一切都让我很不适应，快节奏的学习，生疏的同学，陌生的老师。每天我只能硬着头皮去上学。班里第一次选“三好生”时，我只得了三票，一向要强的我在同学们面前哭得稀里哗啦的。渐渐和同学们熟悉之后，也总觉得和他们有隔阂，细数下来，三年的朝夕相处我竟连一个知心朋友都没交到，成绩的优异并不能遮掩这一事实带给我的失落感。

现在回想起来，我觉得那三年小学生活过得一点都不成功。学习只是一部分，“木桶原理”告诉我们，决定成功与否的永远是那块短板，而我那时的短板恰恰是——性格。上了中学以后，我交到一个好朋友，她活泼外向，在人群中总是能成为被关注的焦点。从她的身上，我学到了很多，她就像一面镜子，反射出了我以前从未意识到的一些性格缺陷——成绩的出色，让我变得骄傲、跋扈，不愿意倾听别人的感受与想法，更不愿意把自己的心情与他人共享，是我自己亲手关上了与他人沟通的门。于是我开始改变，主动与他人交流，学习站在他人的立场上想问题，尽力去帮助他人。当我第一次被评为区级"三好生"的时候，那种发自内心的喜悦溢于言表。我的努力没有白费，我终于获得了同学们的肯定。

耀华中学实验班，注定不是一个养闲人的地方。男女比例的失调已说明女生在这里不会有什么优势，只能付出更多的努力。过去所有的成绩都在这里清零，一切从头做起。印象深刻的是，进校的第一次数学考试，全年级只有一个人及格，而我，只得了 36 分。那时年级里流行一句话："小学考试时有一道题不会做，可慌张了；现在中学考试时，有一道题会做，可开心了。"然而，即便是这样"凶险"的题目，也有同学可以拿到八九十分甚至更高。那时我完全是用仰望的目光来看他们，因为我只是一个普通的中等生，没有任何闪光点，也不知道未来会怎样。于是我开始暗暗努力，像蜗牛一样，一点点往前蹭。看不见前方的路，那就别看了，专注脚下的这方寸土就好。老师不会留很多作业，自主掌握的时间和空间很大。于是我从书店买来很多练习题册，在书桌上堆起好高。当我把这些题全都做完时，我清楚地看到了期末考试成绩排名单上，我的名字蹿到了年级的第一行。"草稿纸的厚度决定着你的名次"，这是刚入学时学长给我们讲的一句话，一年之后，我终于有了深刻的体会。我一点儿都不聪明，但是我有决心和恒心。我从不给自己设太高的目标，只是专注于一道道题，不知不觉地，就跑到前面了。

实验班的初中只有两年，少了中考的压力，却也少了一次磨炼意志品质的机会。两年的初中生活很快过去，这两年，过得很充实，也很值得回味。带着一丝稚气，我开始了高中生活。与正式的高一年级接轨，班里也新来了一些中考过来的同学，和他们比起来，我显得很稚嫩，一下子，初中时的那种自信少了很多。老师的变化以及重新分班，让自己重新置身于陌生的环境。

更可怕的是，我进入了叛逆期，开始关注穿着、发型，被所谓的“时尚”吸引。大手大脚地花钱，买穿不完的衣服，烫头发，偷偷去看演唱会，看小说到凌晨两三点……我开始做所有与“优等生”身份不相符的事情。和父母的争吵愈发频繁，老师的苦口婆心也无济于事。有一次在和父母大吵后，我竟然动了离家出走的念头，现在想想那时真是太不懂事了。学习上总是想着考试前恶补半个月就行了，用不着多努力。然而，几次大考的失利证明我大错特错了，高中不比初中或小学，它需要一个逐渐积累、巩固、落实的过程，智力因素在这里已没有那么重要，重要的是踏踏实实、一步一个脚印地向前走。事实证明，退步容易进步难。也许“堕落”只是一念之间的事，然而想再重新回到正轨，需要付出的努力就太多太多了。而且，“堕落”的结果并没有想象中的快乐，反而很痛苦。看到自己的名字一点点地在成绩排名单上向下滑，考完试后都不敢对答案，那种失落感，那种内心的空虚感，是看多少小说、买多少衣服都没办法填补的。

高一那一整年，我都是在失落、懊恼、挣扎中度过的。直到高二上学期，我才醒悟过来。把小说从手机中删除，把头发变回原来的样子。我不想我的高中生活在以后回忆起来，全都是不光彩的记忆。我开始专心于学习，认真听讲、写作业。也许醒悟得不算太晚，成绩渐渐有了起色。那一年的经历让我懂得很多，更知道珍惜现在的一切，绝不松懈，每一分、每一秒都严格要求自己。在知识的海洋里，我们每个人都只是沧海一粟，绝不能因为过去的成绩或小小的成功就自鸣得意、自满自足，要永远保持一颗虔诚的心，放低自己的位置。这也是我在取得北大校长实名推荐资格后不断告诫自己的。高中是一个不断丰富、充实自己的过程，学到的具体知识或许并不重要，重要的是感悟整个学习过程，从而使自己的心智不断成熟，在以后的人生道路上能坦然面对雨打风吹。

我之所以能获得北大校长实名推荐的资格，除了课业成绩优秀外，数学竞赛一等奖也起到了一定的作用。女孩子参加数学竞赛的并不多，我却很享受学习数学的过程。在炎炎夏日，几个人结伴去上课，为一道题钻研一下午，会收获满满的成就感。听知识渊博的教授讲课，能很好地开拓思维、开阔视野。能拿到数学竞赛一等奖，还是非智力因素多一些吧。我一直很信奉这句话，一个学生能否出类拔萃，取决于他草稿纸的厚度。无论写作业到多晚，我都会拿出一个小时来做数学竞赛题，做多了就能发现那些看似怪异的解法实则是有规律可循的。不是鼓励大家都去参加竞赛，只是我认为，想要做好一件事，想要比别人做得出色，就一定要在背后付出比别人更多的努力。

上高二以后，我对于课内的学业也是丝毫不曾松懈。我认真对待每一个学科，始终保持良好的学习状态，成绩一直稳定在年级前五名。2011 年 11 月，北大校长实名推荐制、保送生选拔等陆续开展，校领导找优秀学生谈话，让我们在保送生选拔和实名推荐制中二选一。按理说这是一个“幸福的选择”，但我也费了一番脑筋，最终我选择了实名推荐制。因为对于高三生活，我充满了太多的憧憬与向往。对于一次重要升学考试都没有参加过的我来说，高考是一个难得的机会，只有耐得住寂寞的人才能成功。我要试试看，是不是能把好的状态一直保持到高考的那一天并带入考场，希望通过高考的洗礼，让自己各方面能力有所提高。高三，这是一个特殊的时期，每个人都为了一个明确的目标而努力。以后步入社会，恐怕找不到这样一个为达到目标而心无旁骛地奋斗的机会了。

2011 年暑假，因为成绩优异，我有幸被推选参加了北京大学组织的优秀中学生体验营，亲身经历了大学生活，一发不可收地爱上了北京大学。北大浓郁的文化气息、人文色彩、历史风韵，都给我留下了深刻的印象。美丽的未名湖，高耸的博雅塔，雄伟的图书馆，一切都像磁铁般吸引着我。那时我就立志，一定要成为燕园里的一员。在体验营，我结交了很多来自全国各地优秀的同龄人，我们立下誓言，2012 年的夏天，北大见！

高考，人生的一次难忘经历，为了追逐梦想的一次舍身跨越。

倾诉时间：2012 年 6 月 6 日

倾诉人物：申屠世安、许俊恺、尹昊

倾诉方式：来稿

又是一年六月时，又是一次高考季。高考，带给我们的绝不仅仅是分数上的高低或是追逐理想院校的成败，更多时候是一种体验——为梦想全力以赴的体验。在 2012 年的高考季，我们特别邀请了三名来自高校的优秀学子，听他们讲述“那些年，我们经历的高考”。

Chapter 27 那些年,我们经历的高考

申屠世安　毕业于天津市第一中学,2009年考入南开大学信息技术科学学院电子信息专业。

期待收获一片金黄

如果让我用一种颜色来形容六月,那我一定会选择黄色,确切地说是金黄色。因为那是收获的颜色,人人都在收获着,收获着成长岁月的苦辣酸甜。回想起三年前,无比忐忑、又有些许自信的我,走进了考场……

第一天考语文,去的时候我还专门带着拼音字词本,想要在考试之前把语文老师总结的东西再看一下。考试的过程远远比备战考试的过程轻松得多。很多事情就是这样,没有经历的时候,会觉得难以承受,经历过了会觉得这没想象的那么"沉重"。当我写完作文的最后一个字时,再也抑制不住内心的激动,在自己的大橡皮上写道:"以后,我再也不用写这种为了应付考试而写的文章了。"奇怪的是,在告别高考后我仿佛再也写不出高三时那种青春洋溢的文字了。我顿然大悟了,那时的文章表达我内心的呼喊和向往。现在,这样的机会太少了……

那段备战的岁月，辛苦，但是令人难忘。

天公不作美，我们那年高考的第二天雨下得很大。英语听力答得很糟糕，这雨天也就像极了我的心情。从考场出来的时候，每个考生都撑着伞涉水而行，这些或认识或不认识的考生都是和我一起战斗过来的兄弟姐妹，看着他们脸上灿烂的笑容，我心中的阴霾也一扫而光。我突然懂了：高考，是生命中一次重要经历，其意义在于等待它时付出的一切，不管结果怎样，为之付出过，经历过，就是一种胜利。

考完试，我就迫不及待地去剪了头发，我选择用这样一种方式来告别高三，告别高考，期待一个全新的开始，一个为未来打拼的开始。之后，拿答案、估分、填报志愿，一系列的工作迎头而来。不同于现在的下分后填报志愿，我们那时还要经历一个重要的估分阶段。其实，高考之后的估分和填志愿才是真正纠结的阶段，多年不闻窗外事的学生要在短短几天内选择一条自己的路、选择未来的时候，才能理解什么叫作彷徨无助。高考作为一块敲门砖，似乎被赋予了太多意义，变成了莘莘学子人生中的头等大事。作为过来人，我建议大家，选择志愿时要将自己感兴趣的、理想的专业同自己的分数以及社会的大趋势进行一次有机的结合，有时，给自己多一种选择，会看到不一样的天空。

在交完志愿表的那一天，我把备战高考时的复习资料能卖掉的都卖掉了，却留下了一些笔记——那些我认认真真记过的笔记，当然还有一模、二模的试卷，毕竟那时它们给了我很大的信心，让我对自己的未来充满着希望。现在想来，就权当是对自己曾经有过的那一段青春记忆的留念吧，因为，我爱它。

回想起高三时的我，总认为高三是种折磨，不断反复地练习，林林总总的试卷，开不完的家长会……而如今，已经读了三年大学的我渐渐开始相信，高三阶段才是最幸福的时光。因为那时的自己有理想，有目标，有动力，还有一群并肩战斗的朋友。生活虽然单调，但总能从中找到不一样的感觉。那时每天一到学校先沏杯黑咖啡,浓浓的,苦苦的,唤醒混沌的头脑,以至大家都以为我在喝药。如今的早上再也没有那种“闲情逸致”了,不再喝黑咖啡了,偶尔喝一杯却再也不适应那种苦涩。高三时每天一到学校就期待下课,期待放学。那时很喜欢靠窗的位置,窗子旁边就是图书馆,每天下午大课间时,就喜欢站在窗口看风景,看被午后的阳光照亮的一排排书。曾经以为高中时代永远不会结束,那种幸福快乐会永远都在。放学的时候有时会跟闺密一起去学校斜对面的奶茶店买奶茶,站在路边喝,看着一群群穿着紫丁香色校服的学弟学妹们从门口出来,奔向四面八方。那天从一中门口路过,不知为什么却不敢驻足了,似乎看到的就是自己的过去,自己的青春。回忆一下子涌了上来,老师的办公室,六楼默写的地方,自习室的下午,食堂每天排不完的队,和朋友们一起去津汇解决中午饭的日子,有些记忆淡去了,有些记忆却慢慢地从脑海里浮现……看见同学博客里有这样一句话,颇有感触:我们一直不想长大,时间却不肯为我们停留。怀念高三,怀念那段充实而忙碌的日子,怀念那些一起奋斗的朋友们。

六月,一批学弟学妹又要踏上征程去收获属于他们的那片金黄,开始一段新生活了,真心地祝福他们高考顺利。

许俊恺　毕业于河南省平顶山市第一高级中学,2010年考入天津大学精仪学院测控技术与仪器专业。

给命运一个承诺

我经常告诉自己,我永远都不是最好的,但永远要做最努力的那一个。

两年之后的此刻再拿起笔,回想那段备战高考的时光,脑海中很多细节已经模糊了。但是一些片断,却依旧清晰如昨……

为什么不能是我?

那是第一年备战高考时,临近春节的一天,学校里突然来了几个往届的学长,他们在老师的指引下,进入到各个高三班里,告诉我们,他们要在学校办一个讲座,想征求一下我们的问题,为我们这些身陷复习泥潭中的迷途羔羊指点迷津。

也许在今天,在经历过大学校园各种社团活动和形形色色讲座的轮番轰炸后,我可能真的对这种打着“学长指路”旗号的宣传不感兴趣了,但在当时,我的高中生涯正接近尾声,摆在我面前的是残酷到无法面对的事实:前三次模拟考试都没过二本线。其实,在河南那个地方,这样的情况是大多数考生都会经历的,复读生与应届生 1∶1 的比例就基本宣告了:我们只能是垫脚石。对我而言,这样的打击似乎更加残忍,因为我进入高中后成绩属于全校下游,凭借着自己一步一步的努力才慢慢挤进我们这所重点高中的奥赛班。但是复读生的强大,一时间让我觉得,之前的一切努力似乎都没有了意义,尤其是像我这种从来不把复读纳入到考虑范围的孩子。

于是,在交给学长的字条上,我写下了这样的文字:一摞摞的参考书,无休止地熬夜,已经让我筋疲力尽,但残酷的成绩却从没带给过我任何曙光,开学时学不成名誓不还的豪情热血早已冷却,为什么还要继续?我需要一个理由,一个继续拼搏下去的理由……

第二天下午,全年级三个奥赛班集体停课,大家一窝蜂地涌进学校很小的报告厅,迫不及待地想要知道,自己的未来可能是什么样的模板……于是,那天的报告厅,不时响起各种唏嘘感慨之声,学兄学姐的优秀,征服了在场几乎所有同学。而我却并没多大的感想,以至现在的我几乎想不起那场讲座的任何实质性内容,毕竟那种优秀,离我太遥远……

但是有一段话却让我印象深刻,成为我之后继续奋斗的动力源泉,甚至在我走过一切回头看时,发现其实这段话诠释的就是那个我曾经最不愿提及的字眼——理想。

那是一位在浙大就读的学长,他在结束演讲时说:“我高三的这个时候,坐在台下,也是听我的学长作报告。当时我就想,早晚有一天,我也要在台上,把我的故事分享给大家。今天,我做到了,那明年的今天呢?大家每个人都应该想想,明年的今天,站在这里的为什么不能是你?”

说完,台下一片掌声,在此之后很久,那片掌声依然回响在我脑海里。

背起行囊,为理想第二次上路

第一次高考,我与理想中的大学失之交臂。同许多河南考生一样,我选择了复读。刚进入复读班的日子是我过得最单纯的时光,也是我成长最快的阶段,心里没有任何杂念,不接受外界任何诱惑。每天做的只有两件事:学习和打篮球,生活简单而充实。学校管得不严,我看到很多同学每天“翘课”出去上网,也看到很多同学怨天尤人。庆幸的是,我不但没有和他们一起,反而在看到他们后更加觉得自己是对的。那时,每天晚自习我都最后才离开教室,甚至当时每做完一套卷子都会很欣喜,因为我相信今天做的卷子,一定会转变成我的知识储备。有时下了晚自习,一个人走在回寝室的路上,看着头顶的星空,我会想:有信仰的人真的会很快乐——我信仰天道酬勤。

事实证明我成功了,高考时我保持了最后几次模拟考试的良好状态,超过一本线近30分,虽然这个分数也不算太高,但是我很清楚,我拼尽了自己所有的力量。

这一年,我的高考成绩比上年提高了88分。

我估出的成绩与真实成绩只差1分,估完分,我感觉很踏实。

我的第一志愿毫不犹豫地填报了吉林大学,对我来说,似乎只需要等待那份通知书寄到家里就好了。但命运又一次和我开了一个玩笑,那一年的吉林大学在河南遭遇了前所未有的报考"大年",分数线比过去几年整整提高了30分,我落榜了……

很难想象那一年的夏天我是怎么熬过来的,天天宅在家里,不笑,很少说话,整个人丧失活力。从未见过我这样的父母真的被吓坏了,所以,当我的第二志愿——一个二本的录取通知书下来时,他们坚决不允许我再复读了。说实话,当时我也没想好自己到底该怎么办,认命,还是拼命?

感谢有你们的春夏和秋冬

也许是家人的态度激起了我的倔强,也许是年轻的心装满渴望,最后的决定终于在一个夏天的黄昏做出:爸妈出去散步,我静静地在屋子里坐了半个小时,然后拨通了带我复读一年的班主任的电话:"赵老师,给我留个位子,我明天去报到……"

第三次踏上这条路不容易,尤其在那种没有一个人支持我的状态下。至今我还清晰地记得自己第一天进班时写在日记里的一句话:"一意孤行,破釜沉舟。"也许今天回头再看,只会一笑了之,但在当时,这就是我的真实情况,因为在那个班,我的进班成绩又是倒数第一,那个班被叫作"尖刀班"。

所以,在那个班里我理当然当地见识到了很多天才式的人物,他们不必天天起早贪黑,不必题题必争,却能拿到让我望尘莫及的成绩。从一开始,心理阴影就始终伴随着我,一到考试就失误,极大的精神压力更是让我几乎每天都要失眠到半夜两点,甚至一整夜都睡不着,我成为那种最典型的病态高考生。自卑,如影随形。

不过让人高兴的是,那些天才同学并不排外,他们与众不同、个性鲜明,却又懂得求同存异、互相关爱。

一天晚上,同学们在教室里召开了我们的第一次班会,那也是我学生生涯里印象最深的一次班会。每个人都敞开了心扉,彼此分享着自己藏在心里的故事。是啊,哪个选择复读的人会没有自己的故事呢?轮到我时,我说:“其实,对于这所学校,我和大家的感觉不同。我是外来者,不是因为之前我不想来,是因为之前我的成绩来不了。我没有在座的同学们有天赋,但我会很努力,知道自己来这里是干什么的,我的追求与比较无关,就是比也是跟自己比,但是很高兴大家能接纳我,因为我们都一样,来到这里,只为了一件事——争一口气!”

教室里静了几秒,随即,爆发出热烈的掌声,热烈到时至今日那掌声还在我的耳畔回响……

半年之后,我走上了考场。考试第一天,一夜未眠;第二天胃病,水米不进;最后一场考试,我告诉自己:该做的我都已经做了,再也没有遗憾了……

后来,我收到天津大学的录取通知书。爸爸问我:“这张纸就这么重要吗?”我说:“重要,因为这是我对命运的承诺。”

尹昊　毕业于山西省长治市第一中学,2010 年考入清华大学土木工程系。

赢在高考

进入大学已经两年了,回想起两年前为高考拼搏的日日夜夜,我的心中又升腾起激昂澎湃的壮志豪情。

我是一名复读生,高一、高二成绩平平,基础不够扎实,第一次高考之前准备又不充分,加之没有良好的应考心态,落榜了。

对于学业,最重要的可能就是心态,无论是成功还是失败,都要用平常心去面对。第一年的失败无非是由于考数学时第一道大题没有做出来，严重影响了心情，导致数学、理综都没有考好。但是成绩下来后，发现数学其实并不是很糟糕，影响最后结果的反而是理综。很多人都有这样的经历，前面一科影响了后面一科，甚至影响到后面所有的考试，其实根本原因就是太重视考试的结果了。虽然结果很重要，但也要尽量去忘记，要享受过程。在做题的时候要刻意培养一种忘我的状态，天地之间只有我和我正在做的那道题，天塌下来都与我无关，只要心如止水，结果就一定会超出你的预料。

在经历过一次失败之后，我突然就不那么重视结果了，甚至在估完分之后的第二天就决定要复读。

在同学们还沉浸在拿到大学通知书的喜悦之中时，我已经平静地坐回到教室中，等待下一年的考验了。这一次已经与一年前完全不同了，对于高中的所有知识，我都有了比较深入的了解，而且做题速度和准确率也比应届的同学高一些。当时有些狂妄自大地对自己说要考清华大学，虽然我知道那太难了，但我还是不断地提醒自己去试探那个高不可及的目标。

在第二次的高三生活中我有了不小的改变，比如说在完成老师布置的作业之后自己会做更多的题目；把初、高中从来没有用过的笔记本用了起来，把错题、好题记上去；从自己做的高考真题和模拟题中去猜高考题；考试时精力更加集中，心无旁骛，不骄不躁……那些日子不堪回首，人已经成了机器，什么都不去想，只有题目和自己，但是我觉得那是值得的。

于是在一遍又一遍的重复练习中，成绩逐渐稳定下来了，考试很少再失误，心理调适能力也提高了。在2010年的第二次高考中，我发挥出了正常水平，考出了优异的成绩。考数学的时候又出了一个小插曲，选择题最后五道都不会，我果断放弃掉，先去做后面的大题，最后再回来做这五道题。虽然这五道题没有一道按照常规方法做出来,但最后全部用特殊方法得出了正确的结果。良好的心态和考场心理调适能力拯救了我的第二次高考。

正常的发挥让我有了实现那个难以企及的梦想的希望。估分650分,可能能上清华,但也可能落榜。哈尔滨工业大学给了我一个承诺,如果清华落榜,超过哈工大分数线40分就可以被录取(山西省当时没有平行志愿,一般只有第一志愿起作用)。当然,哈工大分数线也不低于600分,而且还要求我只能填写清华和哈工大两个学校,也就是说,万一两个学校都没有录取,一年的努力就又白费了。

青春必须要搏一次,这样的机会失去了就不会再有。我不顾家人朋友的反对填报了清华大学土木工程系。提交了只填有两个学校的空空荡荡的志愿表,迎来了空空荡荡的半个月——漫长的半个月的等待!出成绩的日子到了,我的分数是644,清华分数线是630,梦想实现了!我异常平静,只是在享受爸妈疯狂地给朋友打电话报喜时家里的热闹,享受夏日夜风的凉爽,同时庆幸自己当初的选择,更庆幸那漫长的日子里自己所做出的努力。

心态确实是最重要的,良好的心态可以让你取得意想不到的成果,不论是在准备高考的这一两个月还是在考场上,都要有一种忘我的精神。不要让外界的因素影响到自己的情绪,因为一切都与我无关,我只是在解决一个又一个问题,做一个又一个游戏;更不要让自己的情绪影响到自己的心情,有什么不愉快的事情,有什么问题,多和父母老师沟通,用平常心去面对考试,体会考试的过程,忘记考试的结果。

到了大学之后你会发现,父母老师是最真心为你付出、最真心帮你解决困难的人;奋战高考的日子是你经历过的最充实的日子;高考是你最难忘、最引以为豪的经历。高考,就是人生中为了追逐梦想的一次舍身跨越。

竞赛，是一种生活态度，一种别人不能否定的生活价值。

倾诉时间：2012 年 12 月 20 日

倾诉人物：钟政

倾诉方式：网络

2010 年 11 月，教育部等五部委联合发布《关于调整部分高考加分项目和进一步加强管理工作的通知》(简称《通知》)，规定除进入国际奥赛国家队集训的学生外，其余奥赛获奖者将不再有保送资格；只有获奥赛全国决赛一、二、三等奖的学生才能获 20 分加分，省赛区获奖者不再享有加分。

《通知》明确规定，该调整政策从 2011 年秋季进入高中阶段一年级的学生开始适用，这就意味着，2014 年参加高考的学生适用该《通知》规定的新的保送和加分政策。随着时间的步步推移，竞赛生保送的优势渐成绝唱，由此，曾获得过全国物理竞赛省级赛区一等奖并凭此奖项由四川省绵阳中学保送到中国科学技术大学就读的钟政同学以自身的经历写下了这篇文章，用以纪念那段为了保送的梦想而全然投入的高中竞赛生活。让我们从钟政的文字中感受众多竞赛生独特的生活经历吧。

Chapter 28
难忘竞赛生活

我终于还是忍不住写下这篇文章,想追忆一下已经逐渐远去的高中竞赛生活,毕竟,那种生活的滋味是今后的学弟学妹们再也无法感受到的了。我不是什么奥赛大牛、金牌选手,没资格出来替竞赛保送制度被取消的受损者鸣冤,只是想纪念那段生活。

竞赛因为保送而变味是不争的事实,我不相信在没有保送制度的前提下,很多学校还会那么卖力地搞竞赛班。不过,这原本算是一种"变味"了的竞赛,却让我的高中生活乃至今后的全部生活因此发生了根本性转变。

我的家乡在整个四川省都算是教育极度落后的地方。初中时我在当地成绩还不错,毕业时考成都七中的普通班差了一大截,然后却运气很好地进入了绵阳中学尖子班(我的入学成绩在班上的外地生中排在倒数几位),再然后又稀里糊涂地去上绵阳中学的物理竞赛班——不为别的,只因对物理感兴趣。

刚开始的,没敢想自己要走保送这条路。记得那时跟妈妈通电话时还说,自己要以高考为主,竞赛保送就当作是一种可遇不可求的运气吧。父母也觉得，像我这么差的基础，要走竞赛保送这条路太危险了。但是，我还是开始把越来越多的时间花在物理竞赛上面。

对于我这种毫无竞赛基础的人来说，物理竞赛比那几门常规课加起来都难。我根本无法一下子接受事实上是微积分、普物（即大学教材《普通物理学》）内容的竞赛物理知识，更何况竞赛题实际上比大学生做的普物题还要难得多。物理竞赛，不仅要超前地学习本属于大学物理专业普物课程的知识，还要以这些知识去解那些大学生甚至研究生都不会做的普物题——这一点我们已经在大学验证了，没搞过竞赛的大学生、研究生做普物难题的能力普遍不强。我不是说一味地做普物难题是对的，而是想说明这种难度。那时的我，上竞赛课时经常感觉云里雾里的。记得第一次竞赛班考试，满分 160 分，我很可怜地只考了 71 分的垫底分，班上第一名考了 140 多分。不过我那时心态好，觉得本来自己的基础就比别人差，慢慢来吧，不能太着急。

渐渐的，我知道不能只局限于高中那点知识，微积分、线性代数、普通物理等等，都应该进入我的视野，甚至那些更高深的东西，比如四大力学、外微分形式、点集拓扑、复分析、微分几何，都应该去了解、去涉足、去学习。其实，物理竞赛不要求那么广的知识面，不要求理解太高深的理论，却为高中生打开一扇窗——我们不仅可以学好高中知识，还可以学好大一的微积分、普物，甚至能学更多的东西。竞赛就是一种思想解放，它放飞高中生的思想，让我们飞向那些无关考试、无关升学、真正属于真理、属于快乐、属于自由的东西。我开始看同济版的《高数》、漆安慎的《力学》这些简单易懂的大学教材；开始为理解极限、掌握积分而兴奋；开始认清牛顿力学那严整的理论体系；开始体会到“引力质量 = 惯性质量”是件多么美妙的事情；开始从灵魂深处爱上物理；也开始明白科学的伟大精神——科学是为科学而科学，为宇宙之美而科学，不是为政治、经济、宗教、哲学而科学；开始体会出一些高中物理教学中蹩脚的地方；当然，也开始体会到一种不为别人所理解的孤独。有人嘲笑我“学微积分有什么用，难道买东西时还用得到微积分来算钱吗”？有人批评这种“好高骛远”，但他们怎能明白真正爱上物理、尊重科学又不仅仅是尊重科学给社会带来的功用？我想告诉大家，爱科学是对科学深处、理性本真的痴迷，是对纯粹、深刻的理性美的爱慕，不是看着一个好看的东西——譬如小动物，譬如五彩缤纷的化学试剂，譬如有趣的物理现象——觉得很好玩，更不是把科学纯粹当作推动经济、实现政治目的的工具。科学不仅是现象，不仅是生产力，它首先是爱自然、爱自由、爱理性美，它的内容来源于现象，它的作用足以导致工业革命，所以，它是最伟大的生产力。我不相信一个没有了解、学习过不属于完全科普的物理(也包括高中物理)的人会真正爱上物理，我们都是因为喜欢物理而学习物理，学习了物理才可能真正地爱上物理。对物理的爱让我稍感孤独，也让我倍感温暖，这种温暖来自于物理本身。

后来，我在竞赛班的考试成绩节节高升，到第一学期结束时，进入了班级前五名。在不到半年的时间里，我从完全不懂高中知识，到学会了微积分和普物力学、进入了竞赛班前五名，自己也算比较得意吧。竞赛那种“解放思想”的作用越来越明显了，我开始敢把《西方哲学史》《小逻辑》这样的书摆在教室的课桌上，也开始看《大学化学》《近代化学基础》以及一些数学竞赛书。有些人老说竞赛保送是不公平的，我却想说，如果没有竞赛，像我这样的人不可能获得这样的眼界，没有这样的眼界就更遑论后来学到的东西了。

我所在的中学不允许搞竞赛的学生把其他成绩搞砸，所以，在紧张学习物理竞赛知识的同时，在满足我无限膨胀的课余爱好的同时，我还要拿出所剩不多的时间应付常规课。

作为竞赛生，我们习惯了当大家放假离开学校以后，留在学校过

"孤军奋战"的生活。很多人认为,竞赛班上的同学才是真正的哥们儿,这不是一般的朝夕相处,因为我们都是走在独木桥上的兄弟。竞赛,从来没有因为参与的人远远少于高考就变得不是独木桥,因为在这个范围内的学生总的来说还算比较优秀的,也包括一些极端优秀的,而它的机会是如此之少,风险又是如此之大——高考考差点儿也就是上一个稍微差点儿的学校,而竞赛,除非得一等奖获得保送资格,否则什么都不是。记得有个同学跟我说过,如果高考是一次赌博,那么竞赛就是豪赌一把。在这座独木桥上走着的人,自然就有种不同于一般同学的感情。而对于我们 2009 届"绵中"竞赛班的学生来说,这种感情就更增加了一个内涵,它缘于 2008 年汶川大地震。

所有的绵中人一起经历了那次大地震。在地震十几天后,竞赛班的学生就提前复课了——因为再过几个月就是全国竞赛了。那是我高中三年乃至一生中最刻骨铭心的一段生活。上课的地方是在布满裂缝的通慧楼一楼——真的是"布满裂缝",因为裂缝无处不在,有的地方甚至连拳头都能放进去。老师说这楼不会垮,但其实我们每个人都胆战心惊。经常是正做着卷子,余震就来了,然后我们疯狂地冲出教室,跑到操场上去。尤其是那几次六级左右的余震,着实太吓人了。晚上我们住在帐篷里。每到中午、下午,帐篷里热得可以煮熟鸡蛋,于是我们便只好待在危险的教室里。有几天刮大风,晚上又下大雨,小帐篷是挡不住风雨的,于是我们深夜便会醒来,"加工"帐篷,让它不致被风吹翻。后来堰塞湖的问题又冒出来了,据说堰塞湖一旦垮塌,整个绵阳市都有被淹没的危险。每天都有同学通过收音机了解堰塞湖的情况,时刻准备往学校后山撤退。竞赛班的同学们始终在一起,我一直觉得这也算是当代条件下的"同生死,共患难"。余震、堰塞湖、大风大雨、毒太阳、帐篷、布满裂缝的教室、写满 XYZ 的卷子,这是最艰苦的生活,这是最浪漫的生活,这是最刻骨铭心的生活。在未成年的季节,我走过了一段也许很多人一辈子都未曾经历过的日子。

而我还是要说,这生活,这经历,这酸甜苦辣,都因为竞赛的存在而存在。随着其他同学复课,竞赛班也进入了赛前集训阶段。这段时间我们离开了平时的班集体,整天待在竞赛班里,过着只属于我们的生活。每天疯狂地做题,不断地思考、总结,那是一种最专注的学习过程——只有一个目的,只有一个科目,心无旁骛。我想,很多竞赛生都庆幸自己在中学时代便能走过如此专注的过程,至少到今天为止,那是我唯一一段专注于一件事的时光。竞赛班老师帮我们收集试题、批改卷子,他们已不仅仅是我们的老师,而是和我们一起在艰难中前进的兄弟,这是一种珍贵的师生情谊。虽然复习很紧张,但是我每天会打一个小时羽毛球。我的竞赛教练小刘老师说得好,如果每天不出去锻炼锻炼,透透气,我们会亲身经历从正常人变为精神病人的过程。现在想起来,赛前集训是高中最美好的时光,艰苦、充实、快乐、幸福,我想,今生再难过上如此有“情调”的生活。

到了复赛结束、实验考试结束、一等奖确定时,竞赛的主体阶段就走过来了。很不幸的是我只考了全省第九名,没有进入省队;更不幸的是,有些好兄弟没得到一等奖,从而丧失了被保送的机会。那个时候,我不知道有谁能头脑清楚地看待这一切——有成有败,但“成功”的人却能非常强烈地感受着那些一路走来风雨同舟的兄弟们心中的难过:如此多的努力,最后在显性的利益——保送上面,得到的却是零的结果。充满了辛酸和快乐的竞赛生活,就这样结束了。无论成败,都收获了难忘的经历,收获了不一样的思维,收获了心灵的成长;无论成败,我们都进入到不同的生活阶段——得了奖的准备保送申请、保送考试,没得奖的赶紧投入到高考复习中。那是一种难以描述的失落——也许竞赛生活才是我们真正的高中生活,而不是常规班上的那种生活。不止一个人这样说:“竞赛结束,就好像已经毕业。”

现在想起来，这样的经历，这样的内心，只有走过这条路的人才会明白。我不知道保送制度取消以后，会有多少可爱的孩子丢掉了体验这一切的机会。

竞赛生的保送制被取消了，甚至省级竞赛奖连加分都没了，很多高考生在叫好，说这样才能体现教育的公平。我只能说，也许是因为他们没有经历过吧。他们这样的认识，在一定程度上否定了保送生的努力，否定了已经被保送了的那么多保送生的价值。其实，所谓的教育公平性，在保送和高考两条途径上差别并不大。高考能考上名牌大学的都集中于各省、区、市的少数重点高中，一般学校的学生很少有为清华、北大努力的，况且，现在很多重点高中已经对高考的规律把握得很好了，这些学校的学生更容易在高考中取得好成绩，他们更有机会通过把握应试规律而不是知识本身来取得好成绩。竞赛则不同，没有谁能把握出题规律，考题年年千变万化，永远别想去为考试而准备，只能全方位地复习一个科目的全部内容，理清思维。单从这一点来看，竞赛更公平，它极大地减少了那种通过把握应试规律来取胜的情况。竞赛没有考试重点，不会因为对考试重点的把握不同而导致学习的差别。当然，竞赛较之高考，很大的不同是只有少数学校才有搞竞赛的氛围，尤其像物理、化学、生物竞赛的实验内容，其参与学校的差异的确非常明显，但是这跟存在重点高中和普通高中的区别是类似的。从结果来看，并非所有的一等奖都出自名校，同样，也并非所有保送到清华、北大的竞赛生都出自名校。就单个学生来讲，他在竞赛上需要投入的人力、物力一定会比高考大，但是能通过竞赛这条独木桥的人又比高考少得多，竞赛，从来不是捷径，而是一条更为艰苦的路。

至于说为什么保送对于竞赛是重要的，因为没有保送的话，学生很难获得那种学习的自由，他们永远无法摆脱高考的枷锁；有了保送，虽然风险很大，但是心的翅膀一下子就被松开束缚——敢去飞翔了，敢做别人不敢做的梦了。保送,作为一种让竞赛变味的东西(因为有的人为保送而竞赛),也让竞赛获得了更纯粹、更真实的自由。没有保送,绝大多数家长就不会允许、更不用说支持孩子参加竞赛,学校就没有竞赛班,而我高中获得的绝大部分东西——知识的、心灵的、思想的,就根本得不到。保送对于竞赛,意义是重大的。当然,还有人会怀疑竞赛生都偏科,会畸形发展。我想说的是,有的人本来就具有某方面天赋,教育应该给他们提供一个可以靠其特殊天赋走向未来的途径,而不是用高考扼杀那些有特殊天赋的人。自主招生虽好,但无法完全代替竞赛的功能,何况竞赛保送本来就有保送考试、面试这个过程,很多保送考试的题目是很难的,面试也是非常正规的。

竞赛,是一种生活态度,一种别人不能否定的生活价值。竞赛生活成为我学生时代最宝贵的回忆。

这份爱虽被时间浸泡、推延，却也变得更加真切、透彻，令人期待。

倾诉时间：2013 年 2 月 2 日

倾诉人物：子越

倾诉方式：来稿

和子越结缘，是个巧合，透过她的一篇写母爱的作文，我看到了一个女孩不便言说的成长故事。那时我了解到，子越是一个一度要退学的问题女孩。可是，她文字背后流露出的分明是对母爱的渴望，是对成长的诘问，这样的孩子能是“问题学生”吗？通过 QQ 联系，我倾听到她内心真实的声音，终于循着她生活的轨迹，找到了问题的源头。但是，子越，那些都不是问题，只要我们对自己有了清醒的认识，对生活有了正确的判断，生活总会把曾经缺失的那部分还给我们。子越在最后给我的邮件中说：“我不会再让她过以前那样痛苦的日子，我会用行动向她证明我的爱。”子越，我相信，一切都会改变。

Chapter 29
失控的爱

每次老师在课堂上布置以“母爱”为话题的作文时，我都无从下笔。

因为妈妈对我来说太重要了，她为我付出的太多、太多。那些深入人心的片断在脑海中一遍一遍地闪过，有的美好，有的却刺痛我心。我们之间磕磕绊绊的故事，现在回想起来犹如做梦一般。

她在我心里永远是一个谜。我想和她亲近，却不敢；虽然我们每天在一起，中间却仿佛隔着一堵墙；我们本应该是这世上最亲近的两个人，但心的距离却是那么遥远。

我想对她说的太多，可我是一个不会表达的人，从来不会主动和她说我的心里话。人无完人，她的一言一行在我眼里有对有错。她是那么无私，却又那么固执——她无私，为了我她可以放弃自己的一切；她固执，总以为自己认定的事情就是百分之百正确。她有很多我不认可的地方，但她在我心里又是一个很不平凡的女人。

我生长在一个单亲家庭里。印象中在我三四岁上幼儿园的时候，爸爸就经常夜不归宿，喝醉酒后对妈妈拳脚相加。那时候我还小，看到这样的恐怖剧每天都在上演，我只能躲在角落里哭泣。

我忘了是什么时候意识到，其实他们在我一岁的时候就已经离婚了，妈妈为了让我有个完整的家，一直迁就着和爸爸生活在一起。我上学前班后，妈妈彻底离开了爸爸。原本三个人的家庭变成了母女两个人相依为命。在生活中她扮演着母亲兼父亲的角色，压力很大，但她从来没有抱怨过什么。

妈妈用一个人的工资维持着全部生活开销。为了省钱，装修时她亲自给墙刷浆，没过几天头皮开始发痒，掉了很多头发。在我的记忆里，这样的事情多得数不清。一般男人干的活儿她也揽过来，不会干也硬着头皮干，而且尽量做到最好。印象很深的一件事是，一天晚上，下着倾盆大雨，我发高烧，患滑膜炎的妈妈背着我去医院，一步一步艰难地趟在雨水中，她每迈一步，肯定都是撕心裂肺的疼。从那之后她的滑膜炎更加重了。她后来说，当时看着发着高烧迷迷糊糊的我，心想即使是走在刀尖上也要坚持住。我生过很多次病，每次妈妈都昼夜无眠地守在我的床头，用那种充满爱怜和担忧的眼神看着我。那眼神，包含了多少感情多少爱，只有我知道！

母爱是最伟大的，妈妈时时刻刻陪在我身边，我从没有因为缺少父爱而感到失落过，反而觉得无比快乐。每到母亲节或是妈妈的生日等有意义的日子，我都会亲手给妈妈做小礼物，用这种方式告诉她，我爱她。可是自从上小学三年级起，我感觉妈妈变得越来越陌生了。她总是把我单独留在家里，让我一个人吃饭、睡觉、学习。我最怕天黑，每天晚上躺在床上都不敢闭上眼睛，抱着爸爸给我买的一个一米高的大熊，直到困得不行才昏昏入睡，夜里还总做噩梦。每次班主任都会因为作业没有家长的签字而狠批我。考试成绩不理想了，妈妈就大骂我一通，从来没有鼓励和表扬。

那时候，总有一个男人来我家，妈妈要我喊他舅舅，其实我早就知道那是妈妈的男朋友。我很烦他，因为他，妈妈很少陪我了，我不喜欢这样的妈妈。每次看到他们在一起，我都感到厌恶。

妈妈和那个男人的感情维持了七年，孤独也陪伴了我七年。上初中后我的改变很大，叛逆、暴躁，动不动就和妈妈拌嘴。在学校我不听讲，不完成作业，学习成绩直线下降，曾在几个礼拜之内被老师连请六次家长。在老师眼里，我是个难以教育的问题孩子。老师不让同学们和我在一起，怕我影响了他们。其实我知道，我这么做的目的很简单——只想唤起妈妈对我的关注。

妈妈经常因为我的表现大发雷霆。她给我报课外班，找家教，把大量的钱投在我的学习上。她希望我能上重点中学，考理想的大学，有个稳定的工作。我很想努力证明自己，可每次又都半途而废。我常常问自己，还有什么不满足的？我的一切不都是她给的吗？可是一想起妈妈和那个男人的事，我就会忘了她所有的好。我甘愿自暴自弃，拿自己的未来和她赌气。渐渐的，我再也看不到妈妈的笑容了，找不到原来和谐的我们，我们莫明其妙地疏远了。

七年级下学期，我不知道自己怎么了，整夜失眠，每天凌晨三四点才能入睡。每到夜深人静，我都好难过，我会想很多，一直想到死亡。我怕失去身边的每一个人，那种感觉真的很不好。在朋友眼里，我并不是一个悲观主义者，我倾听他们的故事，却从没让他们知道过我的感受，每天陪伴我的只有日记。写日记的习惯是妈妈帮我养成的，没有人和我交流，我就自己和自己交流。我喜欢上摄影，喜欢上画画，喜欢一个人宅在家里，在自己的小世界中享受其中的快乐。

妈妈终于注意到我的变化，还带我去看了心理医生，我被诊断为轻微的抑郁症和焦虑症。医生开了很多药，但是我没吃，整个人都变得很压抑。我怎么变成这样了？小时候的我一向很快乐啊！

在我内心混乱的同时，妈妈也因为感情受挫，情绪变得极为低沉。有一次因为请家长，她晚上不睡觉，跟我大闹，我却死不承认自己的错误,跟她尖声顶嘴。她把嗓子喊哑了才安静下来。时间一点点过去,她突然用被子紧紧盖住自己的头,痛苦地抽泣起来。看着她难过的样子,我本以为我会很高兴——她终于像我一样体会到痛苦了,但我却高兴不起来。沉默,空气仿佛都停止了流动。她突然揭开被子,跳下床来,恶狠狠地对我说:"下辈子,不知道我们还会不会做母女!"听完她的话,我的眼泪不停地在眼眶中打转,虽然强忍着,可最终还是失声痛哭。我突然明白,原来我对她所有的抵抗都是错误的。我后悔了,想起了她那么多的好,如果现在不珍惜,我会不会后悔一辈子?

最难熬的是2012年年底,我因为患阑尾炎,不得不做了手术。妈妈彻夜不眠,心急如焚,看着躺在病床上的我,眼里总是噙着泪水。我住在观察室的几天里,她衣不解带,细心地照看我,人变得非常憔悴。晚上我静静地躺在病床上,身边是无边无际的黑夜,翻来覆去睡不着,感觉自己拖累了妈妈。这么多年来,妈妈把辛苦赚来的钱都花在我的身上,我却没有为她做过什么,学习糟糕透顶,还经常跟她赌气,让她寒心不已,我为什么变成这样了呢?那一夜,我在纷乱的思绪中沉沉睡去。

随着年龄的增长,我慢慢理解了她暴戾脾气下的苦衷。她为我操劳了半辈子,把最好的都给了我,我们之间却有那么多的冲突、隔阂,她虽痛苦、失望,却从没想过要放弃我。从生下我的那天起,她就义无反顾地承担起了做母亲的所有责任。十几年来,因为单亲家庭的原因,我寂寞、孤单,可她不也是这样过来的吗?每当她伤心了,难过了,她能找谁诉说呢?生活中的困难和挫折,都是她一个人扛过来的。身体生病了,吃药能治好,可是心病,用药是治不好的,我们只能在彼此理解中求得和谐共处。妈妈对我的期望很高,她一直觉得我是最棒的,一直认为她的女儿总有一天会过上比现在好一百倍的日子。为我操劳了十五年的妈妈,心甘情愿地付出,却没有得到任何回报,反而承受着女儿带给她的失望和痛苦。世界上不会再有第二个人像她那样,对我的叛逆、暴躁一面默默承受,一面无悔付出。我再不能肆无忌惮地放纵自己了,为了她,也为了我自己。即使我们难以相互沟通,我也要学会为她做点儿什么。我要珍惜和她在一起的每一天,珍惜我们之间的母女情分。

最后我很想时她说,妈妈,我爱你。这份爱虽被时间浸泡、推延,却也变得更加真切、透彻,令人期待。我会努力,让你为我骄傲,为我自豪。

一个有追求的人，可以把梦做得高远些。不停追求，不言放弃，梦想就能成真。

倾诉时间：2013 年 1 月 20 日

倾诉人物：张一诺

倾诉方式：网络

张一诺是我四年前认识的学生，那时她在天津二十中学上高一，是学校里的活跃分子——成立话剧社、排练、演出，每天忙得不亦乐乎。她漂亮、开朗、自信，留给我的印象非常深刻。后来我们之间失去了联系，偶尔想起她，觉得她应该上大学了，会有了不一样的生活。没想到的是，春节前她突然联系上我，告诉我她在加拿大求学，有很多经历和感受想写出来。这时我才知道三年前她为自己的生活所做出的选择。一个有追求的人，可以把梦做得高远些。虽然开始时是梦想，但只要不停地做，不轻易放弃，梦想就能成真。让我们从这篇文章中分享她的成长故事吧。

Chapter 30
我叫张一诺

出国留学是我和爸爸妈妈很久以前就计划好的。爸爸妈妈觉得我的性格比较开朗,适合在西方国家学习,以接受新鲜事物,培养更加开放的思维,同时,也为我的发展提供一个多元化的舞台。经过讨论,我们最终一致认为,虽然年龄小出国可能会遇到更多的困难和挑战,但同时也意味着更多的机遇。世界名校并不是我们唯一的追求,爸爸妈妈更希望我有一个开阔的眼界,具备一个真正优秀学生拥有的能力和水平。

与许多留学生的感受不同,三年留学生活带给我最大的挑战并非是生活上的不兼容,而是校园里优胜劣汰的角逐带给我的挫败感。换句话说,比起艰难困苦,挫败感更令我难以承受。遗憾地讲,三年来,我丝毫未曾体验到传说中的西方教育的轻松,相反,综合素质的竞争,一次又一次地给我敲着"勿吃老本"的警钟。一路从天津逸阳小学、双菱中学到二十中学,我的成长近乎顺风顺水:校内活动主持人、话剧社社长、学生会宣传部干事、辩论会最佳辩手等等,这些光环一次又一次地夯实了我的自信心,甚至还给我增加了那么一点点野心。我出国后不久就参加了列治文市一中主持人的选拔赛。一米七的身高,加上学校里高人气的支持，让我在众多选手中脱颖而出，一路拼进最后的决赛阶段。然而，当我邂逅了身高一米七八、持有播音主持八级证书的华裔学姐时，我终于明白了“天外有天、人外有人”这句话的含义，从此以后，竞争不再是那么简单的事了。

来加拿大第一年，作为英语非母语国家的留学生，ESL（非母语英语课程）成了我的必选课之一。我在这门课上花费了很大的精力——每天一份报纸的阅读量，外加听两个小时的新闻广播，课内基础作业我更是倾尽全力。在那一年里，我保持着全年级四个班同一门课的最高分。那一年的期末，为了加快进度，我想在暑假的时候读高一年级的英文课，可是这种升级课程的报名必须要出示本校老师的介绍信，外加顾问和校长签名才可以。我本以为以我的成绩可以毫无疑问地说服老师帮我写推荐信，可万万没想到，任课老师认为语言的学习是一个长期的事情，并非一朝一夕可以速成的，所以，她婉拒了我的请求。可能是我之前想得太美好了，期望值过高，导致希望破灭后心理落差很大，情绪受到了很大的影响。那几天爸爸妈妈知道我心情不好，就不停地打电话来开导我。妈妈怕我经受不住打击，决定来温哥华一趟，可戏剧性的是，等她的签证办下来再买到机票的时候，新学期已经开学了。而我的新老师根据我开学时考试的成绩，竟然主动和我的顾问谈话，让我跳了一级。所以，原本妈妈是来为我分担痛苦的，却阴差阳错地变成了来分享喜悦。

我在公办校读到第二年的时候，由于一个偶然的机会对私立校有了一些了解，并深深地被那里的教育环境、文化背景所吸引，当下就决定要在第三年转校。为此，我和学校的顾问、老师进行了多次沟通。当时，持反对意见的人占了大多数，主要是因为私立学校的学生得益于富裕的家庭环境并承载了深厚的期望，普遍从小学开始就接受私立教育，这种教育质量更高、人才竞争更激烈的学校对我这种“半路生”的挑战太大，所有人都劝我要慎重考虑。我考虑了一周后，给爸爸打电话，说私立校的学费比较贵，难度也远大于公办校，问他有没有必要做这次高风险的尝试。爸爸说："做你认为对的事，接受你觉得有必要的挑战。"当年下半年，我转入世纪中学。正如其他人所言，私立校学生的平均分普遍比公办校学生高出5%~7%，而这一差距主要体现在理科上。同年，我选了化学和英语这两门对我而言堪比致命死穴的课。经过半年的努力，我的成绩大有起色。在繁重的学习之余，我成立了校理学社团，凭借出色的社团活动，当选了世纪中学2013年"最佳学生"，作为温哥华学生代表之一参加了英属哥伦比亚省的表彰大会。

作为学生会国际部的副理事长，我接触过世界各地的留学生，其中亚洲留学生无疑是思乡心最切、家庭观念最重的，我便是其中一员。我有一个外号叫"行李王"，顾名思义，我是一个行李多得不得了的人，每次回国，行李都会带到航空公司规定的重量上限。用妈妈的话说，每次在国际机场接机通道看到一个色彩鲜艳、动作幅度很大、貌似做贸易进出口业务的人物出现，那十有八九就是我来了。我带给爸妈的东西大都比较单一，无非就是我给他们买的衣服、当年的奖杯、奖状，或者是一些我淘汰下来不想穿的衣服。返回加拿大时，妈妈带给我的东西往往都是经过精密计算的，通常几乎逼近23千克的限额规定。印象最深的是，有一次，有个春节回国的同学正好赶上在我生日之前回加拿大，妈妈就做了一罐炸酱，装在箱子里带给我。我再三跟她说，肉类食品是违禁品，叫她不要带过来。她满口答应着，却还是把那罐炸酱放了进去。把箱子送到我同学手里的时候，她执意要给人家留些钱，说如果罚款的话就从这里面拿。接到妈妈的炸酱，我一边埋怨，一边感动，这就是父母牵挂孩子的心啊！

求学三年，我还深深体会了"朋友"的真正含义。刚开始的时候，我很怀念国内的同学，以前大家一起说心事、聊八卦，所有的课都在一起上，甚至连课间去洗手间都要成群结伴。而加拿大同学的感情是理性的、冷静的，全然没有国内同学间感情的亲密和热烈，这使我或多或少地感到了一些失落。有一次我写作业到很晚，接下来还要复习考试内容，可是我又累又困，支撑不住了。我给加拿大的一个同学打电话诉苦，她让我先睡觉，上好闹钟，一个小时之后她再打电话叫我起床，这样就有了双保险。一小时后，她果然按时打电话过来。起床后我洗了个脸，刚刚进屋，电话又响了起来，电话里她说："我就是确认一下你起来了没有。"这件事让我第一次深入地思考"朋友"的意义——朋友，不是相互陪伴，而是相互扶持。

三年来，我从坚信付出就会成功到可以平静地接受努力并不一定会有回报；从坚持到底到学会放弃；从痛恨离别到珍惜再会；从以自我为中心到以事件为中心；从一个懵懂少年到一个对事物有认知、有思考、有辨别的青年，改变非常大。如果说有什么是三年来从未改变的，那就是坚忍、勇敢以及对生活的热爱。当然，不变的还有这三个问题：在加拿大过得好吗？后悔出去吗？想家吗？今天，我想说的是，我过得很好，从未后悔留学的选择，一如我从未停止过对家的思念。我还坚信，所有的分离都是为了下一次相聚。

几天前，我作为温哥华优秀学生代表在省年度教育大会上发言。在演讲的最后，我说："感谢十几年来我学过的每一本教科书的作者，他们是我精神上的导师；感谢真理的'不可违'和谬误的'需考量'；感谢我的家人、朋友和老师；感谢所有人为我所做的任何尝试或努力；感谢人们为我投下的每一票，叫我起床的每一个电话；感谢成功带给我的鼓舞；感谢失败带给我的思考。最后，我要感谢这三年勇敢的时光。"放下话筒的时候，我用中文说了谢谢爸爸妈妈，最后我走到舞台的中央，面对着鼓掌的人群，向着中国的方向深深地鞠躬。

我叫张一诺，我在加拿大，这是我留学的第三年。

对于大多数智商相差无几的人们来说，最终决定差异的往往是你能坚持多久。

倾诉时间：2013 年 2 月 28 日

倾诉人物：景泰

倾诉方式：网络

景泰是我在网上认识的学生。因为他贴出的那些美不胜收的图片，让我对这个还在上高三的男孩有了兴趣。景泰喜欢摄影，梦想着成为一名摄影师，他的思想在那些有着鲜明主题的图片中显露无遗，我从中看到了一个男孩丰富的内心世界和对真、善、美的执着追求。生活是多彩的，值得我们追寻和思考的东西有很多，从这点来说，每个人都在途中，用自己的视角寻找触动心灵的美好人生。

Chapter 31
我在途中

我喜欢摄影。记得上初中的时候我和同学聊天，说到以后的职业，我说想成为一名摄影师，结果他们都嘲笑我。那时候，我连一台像样的相机都没有。在征得父母同意后，我用多年攒下的压岁钱买了一台入门单反相机。相机拿到手的时候，真是爱不释手，连睡觉都把它放在枕边。我经常把相机带到学校去，利用课余时间给同学拍照，有时也偷偷地拍老师。拍得多了，有个梦想在我心中膨胀——出去周游各地，用相机记录生活。

读万卷书不如行万里路，行万里路不如阅人无数。从头一次看到这句话，我就觉得它是真理。因为年龄不大，阅人的经历没有多少，不过是家人、老师、同学那一张张熟悉的面孔，因此，我一直渴望着能“行万里路”，体味不同的人生——思想和脚步，总得有一个在路上。

激发我旅行念头的是一年前一场失败的感情。我向喜欢的女生表白了，结果遭到她的拒绝。那两个月里，我心灰意冷，做什么事情都提不起精神。偶然有一次，我在网上看到网友发的一组旅行照片，有朝阳，有落日，有孩子奔跑的身影，美不胜收。我猛然惊醒，生活是如此的美好，有那么多东西值得我们去关注。于是，我重新拿起相机，寻找生活中一切美好的影像。

什么是旅游？有句话说，“旅游就是从自己活腻了的地方到别人活腻了的地方去。”这话有点儿调侃，但也说明，人一旦陷入惯性，是很难感受生活之美的。旅游的目的是什么？有的人是为了放松，有的人是为了经历，有的人是因为好奇，有的人是为了体验。旅游的理由千千万万，而我只想做一个背包客，体会人在途中的感觉。

我对背包客的理解是：背上全部生存用具去体验生活，最后获得一种价值感。

看电视剧《北京青年》，虽然知道不过是艺术创作，但我依然很佩服剧中的人物。这是一群年轻人认识自我、寻找自我的故事。其实，很多背包客出去旅行也是为了探寻这个意义。离开那个生你养你的地方，去一个陌生的地方寻找自我，寻找真理，寻找生命的意义。

我认识一个网友，他极热爱旅游，业余时间几乎都在旅行。每次打开他的网页，都有刚刚更新的照片。照片上的他淡定、温和，一脸与世无争。他拍下的那些风景别有韵味，让人心动。他没有固定的职业，到了一个地方总是先打工，比如做翻译、做酒店的双语服务生，然后一两个月后，他又不见了，跑去另外一个地方。最让我佩服的是他极强的生存能力。看他文字中所描绘的路上的风景、不同地方的人、不同地方的事，我心旌摇曳，无限向往，觉得人生如此，潇洒至极。

上高三之前，我没去过什么地方，但是有一天，我背起行囊在我生活的城市里走了一圈。走最偏僻的小路，看从来没看过的风景，故意说一口蹩脚的普通话，想象着我是一个从外地来的背包客。我突然发现，这是一座多么新鲜又多么陌生的城市，让我有无数的惊喜和慨叹。旅行，需要的就是人在途中的愉悦心情以及发掘精彩生活的能力。

高三那年的暑假，我决定利用最后几天清闲的假期出去走一走。

我选定的地点是三亚市。为了这次出行，我做了很多准备工作，先是说服爸爸妈妈同意我的出行计划。妈妈开始坚决反对，她担心我的安全，怕路上出现意外。好在有爸爸支持，爸爸用“男子汉要有见识、胆略和担当”的理由说服了妈妈。妈妈最终给了我五天的时间出去玩，要求在这五天里我要每天保持24小时开机状态，随时告诉他们我的情况。

带着背包、相机和两千元钱，我出发了。这是我第一次出远门，兴奋、激动、期待，恨不得一下子飞到海边。到天涯海角门口时已是下午6点钟，我去购票，工作人员告诉我这个时间不卖票了，心情顿时低落。可是我这个人不是那么容易放弃的，我一定要看到海。我沿着围墙走，终于在围墙的尽头看到一个豁口，有椰树林遮挡，我毫不犹豫地爬了进去。来到海边，想都没想，我脱掉鞋子，兴奋地在沙滩上狂奔……天色已晚，很多人都离开了，海滩上只有我一个人，这是专属于我的海滩。我赤脚爬到石头上，望着大海久久发呆，只感觉心之安宁，海之辽阔，生活之无限美好。我拢起双手放在嘴边，冲着遥远的天际尽情呼喊，心胸豁然开朗。

我在海滩上一直待到保安把我撵出去。坐上巴士，不知道到了哪一站，想下车了，就下来，站在人来人往的步行街上，看陌生的人群。那时候，我感觉自己有点儿想家了，但假装自己不孤独，假装有很多人陪着我。最后，我来到了24小时营业的肯德基，点了汉堡、可乐和甜筒，边吃边用手机写下这一天的感受。

夜里我没有找宾馆，就睡在了肯德基的长椅上。晨曦初露，我离开肯德基，乘车去蜈支洲岛。早有耳闻，蜈支洲岛是三亚海水和沙滩最漂亮的地方。历经一个多小时的车程和20分钟的轮渡，我来到了蜈支洲岛。一下轮渡，我就被漂亮的沙滩和碧蓝的海水震慑住——好蓝的海水，好白的沙滩，难怪有人说这里堪比马尔代夫呢！

蜈支洲岛上的景点我没去，只流连在“生命井”和“情人桥”。盛夏时分，天气越发燥热，我决定去海滨浴场泡澡。泡澡累了，就把沙滩椅拖来拖去，寻找最舒适的地方躺下，一直睡到天黑……

这次出行，我拍了很多照片，整理后发在网上，引得很多人跟帖。一次出行经历，让我更加体会到行动的力量——坚持自己的信念并努力实践，才能看到最美的风景，收获精神和心灵上的满足。

我的摄影爱好还在继续，虽然高三紧张的生活让我不能享受人在途中、景在手中的乐趣，但我用相机记录了很多同学学习的场景。迄今为止，我已经拍摄了三千多张照片，每一张照片都有主题，每一个主题都有我想表达的内涵，我深深地陶醉其中。

这些经历，让我懂得了“有种高度叫作积少成多，有种品格叫作积善成德”这句话的意义。对于大多数智商相差无几的人们来说，最终决定差异的往往是你能坚持多久，每天进步一点点，一个礼拜你就进步了一大步，一个月你就跨越了一个层次，一年你就脱胎换骨了！

我期待高考结束后，继续背起背包，用脚步去丈量大地，用影像去记录现实，用思想去感受生活。这种渴望在内心中越来越强烈，只等时机妥当，我会做一支离弦之箭。

天空没有翅膀的痕迹，但鸟儿已经飞过。

倾诉时间：2013 年 6 月 10

倾诉人物：杨家瑞

倾诉方式：来稿

杨家瑞是一名蓝印生，在天津市津英中学就读。她长相甜美，爱好广泛，曾通过山东省舞蹈艺术考试八级、中国美术学院美术社会水平中心素描五级、钢琴专业艺术考试七级。因为自小喜欢主持，杨家瑞梦想成为一名出色的主持人。2012 年，她只身一人来天津求学，在全新的环境中历练自己。“天空没有翅膀的痕迹，但鸟儿已经飞过”。在追梦的道路上，她哭过，失败过，委屈过，但她始终坚信，梦想是前进的动力，是实现未来、成就精彩人生的起航器。

Chapter 32
痕迹

我是一个平凡的追梦女孩，从小就喜爱播音主持，梦想着有一天成为一名真正的主持人。

1996年11月，我出生在山东省东营市胜利油田一个普通的家庭。我的爸爸曾经当过兵，他为人诚实，做事沉稳，经营着一家自己的公司。我因为长得漂亮，从小到大听到了很多赞美之词，爸爸总是告诫我：漂亮不代表能力，真正有“实力”的孩子才叫有本事。妈妈是一位美丽又能干的女性，在机关负责团委和宣传工作。我的性格受妈妈影响最大，气质更源于妈妈的悉心培养。在妈妈的教育理念里，女孩子要内外兼修，既有优雅的气质，又有善解人意的心灵。她从小就让我学习舞蹈、绘画、钢琴、朗诵，培养我各方面的才艺，她希望我做一个优雅、知性、富有涵养、独具魅力的女性。

我的主持梦大概启蒙于四岁多，那时我就喜欢学着电视上主持人的语调，站在自家的客厅里表演，逗得父母哈哈大笑。上小学一年级时我的舞蹈老师发现了我的语言天赋，便让我主持了当年的“六一”儿童节晚会。那是我第一次站在大礼堂的舞台中央面对全校师生主持节目。记得晚会召开的前半个月，妈妈一直陪着我背串词，老师也给予我鼓励。我还清楚地记得，上场时我的双腿一直在发抖，整个人非常紧张。然而，当我举起话筒背诵出滚瓜烂熟的台词时，一股强大的力量涌上心头。那一刻，我开始享受站在聚光灯下深情朗诵的感觉，也爱上了主持人这个行当。

上学后，每天都是爸爸开车接送我。因为他喜欢听新闻和广播，所以，每天一上车我就跟着爸爸听广播，时间长了我竟然可以把广播中的串词随口说出，这种潜移默化的影响，又加深了我对播音的兴趣。随着年龄的增长，我从那个上台时双腿发抖的懵懂女孩，成长为一个站在全校三千多名师生面前都不会有一丝紧张的校园主持人。我曾连续三年主持学校的每周升旗仪式。多年的锻炼让我成为一个不用稿件就能自由演讲的自信女孩，我愈加渴望能够在更大的舞台上实现我的主持梦。

2009 年，为了我将来在考取大学时有足够的优势，爸爸在天津买了房子，为我办理了蓝印户口。

2012 年初，我在妈妈的陪伴下，来到了天津市宝坻区备战中考。蓝印生在宝坻区有很多，他们的成绩一个比一个优异，是大家眼中可望而不可即的“学霸”。学习并不出色的我，体会到了前所未有的挫败感。那时，我经常问自己，我的主持梦还能实现吗？我会成功吗？然而，最终支持我坚定走下去的依然是心底那份执着的主持梦想……

记得那时距离中考仅有五个月的时间了，因为天津与山东的课本内容有差异，考点、题型也有诸多不同，我很不适应，非常苦恼。每天晚上和周末，我都在妈妈的陪伴下，穿梭于各个辅导班。每晚补习回来，还要坚持完成学校当天的各科作业。每每到半夜四周都寂静无声时，疲惫不堪的我便会看着窗外那一排黑黢黢的树木愣神。当看到妈妈房间里那微弱的灯光还在默默陪伴我时，我会自问来天津的目的是什么——为了高考，为了实现我的梦想。那么，还有什么是不能坚持的呢？于是我打起精神，重新投入到书桌上那些厚厚的复习资料中。

五个月艰辛的备考经历，我哭过，失落过，也失败过，但是我学会了坚强，有勇气独自一人面对那些困难。同时，我也深刻体会到了一个女孩子远在他乡为了梦想而拼搏的不易。

中考结束后，爸妈再三权衡，把我送到了条件更好一些的市内学校上学，我成为津英中学一名正式的高一新生。初进校园，一股浓重的历史沧桑感扑面而来。校园内威严的毛主席像及他老人家的话语激励着我们："世界是你们的，也是我们的，但归根结底是你们的。你们青年人朝气蓬勃，正在兴旺时期，好像早晨八九点钟的太阳。希望寄托在你们身上。"没错，我们就好像早晨八九点钟的太阳，焕发出勃勃的生机与活力，我将在这所校园里放飞梦想，成就未来。

开学第一天，一位年轻漂亮的女老师迎接了我们，她是高一年级组长，同时也是我的班主任。我在填写信息表时，她发现我的字写得很工整，便亲切地对我说："字写得这么秀气啊，以后你来出板报吧。"就这样，我成了班主任得力的小助手。在班里我是认真负责的文艺委员和课代表，在学校我是尽心尽责的文体部副部长。班内的主题班会和其他一切活动，都由我来策划、写串词、主持；学校的各种课外活动和重要大会，都少不了我的身影。班主任以我为骄傲，校长也很欣赏我。他们的肯定让我更加坚定了心中的梦想。

这一年的经历，在我成长道路上书写下重要一笔。从小我就是一个备受父母宠爱的女孩，没有经历过任何风吹雨打，更不懂得如何面对一个人求学所遇到的困难。正因为如此，爸妈才决定让我在高中时期就开始锻炼，适应集体宿舍生活。我不能永远生活在他们的保护下，我需要成长，需要磨炼。让他们欣慰的是，一年在外的高中生活，锻炼了我的生活自理能力，我把一切打理得井井有条。每逢周末，我常常带着同屋的女孩把宿舍打扫得干干净净，赢得了住宿部老师和同学们的一片赞赏。

一年来，我成长了很多，但也忘不了那些令我彻夜难眠的夜晚。我记得，在宿舍外的林荫小路上，因一句无意的话引起了同学间的矛盾，我悄悄地哭过；我记得，因为不甘心考试失利，一个人躺在床上睡不着觉；我记得，受到委屈的我跟妈妈、好友哭诉的情景以及住宿部老师对我的关爱和开导……这些成长中的记忆，在我心中永远都不会抹去，因为它们既是我成长路上的"绊脚石"，也是促使我快快长大的良药，让我变得更加坚强，更加成熟。一个人只有经历艰苦才能得到真正的历练，才能体会到成长的力量。而我，正是在这些磨炼中渐渐成熟长大。

我逐渐明白，任何事情都要靠实力说话。我记得妈妈曾为我报名参加全国校园"金话筒"主持人大赛。那时的我还只是个初出茅庐的小姑娘，心中虽有梦想，但并没有接受过任何专业训练。周围的亲戚朋友都在怀疑，这个平日里羞涩腼腆的小姑娘，在那么多人的场合比赛能行吗？然而，事实证明我是可以的。我没有理会他们的质疑，只是专心准备比赛。海选的比赛项目是自我介绍和朗诵。当我站在众多人关注的舞台中央时，我确实紧张，但我以出色的表现打动了每一位评委。就这样，我顺利地进入了复赛。复赛又加试一项环节——模拟主持。我利用一切课余时间反复练习，向老师寻求指导和帮助。大赛老师看到了我的努力和突出表现，便聘请我为"金话筒"大赛的形象代言人。紧张的决赛快要到来了，才艺展示和即兴创意主持成为重要一关。每天晚上我都去舞蹈老师家里排练，周末会在网上查看资料，为即兴主持做准备。在决赛的舞台上，我以流畅新颖的即兴主持和活灵活现的印度舞表演赢得了现场评委的青睐，顺利地进入了山东省的省赛。最终，我获得全国校园"金话筒"山东东营赛区二等奖和山东省优秀选手称号，并被评为东营市"金话筒"学校形象代言人。对于这段经历，我一直心存感激，因为它让我懂得，有梦想、有奋斗，就会有收获、有成功。

作为一个土生土长的山东女孩，我有着山东人特有的率真与朴实，坚强与执着。我从胜利油田走来，来到这个承载着我梦想的城市。就像泰戈尔说的那样："天空没有翅膀的痕迹，但鸟儿已经飞过。"我会坚定不移地追求我的主持梦想。我的追梦之旅不在于最终得到了什么，而在于追梦的过程中我的成长和收获。

追梦，让我生命中的每一刻都如夏花般绚烂。

成长是无法描述的，但却让我们对梦想有了更加明确的定位和更加坚定的追求。

倾诉时间:2013 年 6 月 23 日

倾诉人物:姚尧

倾诉方式:来稿

姚尧是天津外大附校的学生，校学生会主席，因为目标是出国,今年年初,他参加了美国 SAT 考试并取得优异成绩。姚尧说自己是一个有经历的人,从懵懂少年,到有思想、有追求的青年,中间有一个很大的跨越。成长是无法描述的,但却让我们对梦想有了更加明确的定位和更加坚定的追求。

Chapter 33
成长是无法描述的

成长始于磨炼

每次被问到过往，我总会述说我八年的乒乓球训练经历。练体育，绝对会让人有所收获。

八年前，仅仅为了调理身体，改掉不好好吃饭的毛病，我走上了乒乓球训练的道路，风雨无阻地走向训练场。我从一开始就不是以名次为目标，也从未想过比赛这件事。但打着打着，乒乓球成了我最大的爱好，比赛参加了无数，奖项也得了无数。离成功最近的一次，大概是在初一那年，在天津市中学生乒乓球比赛上，我一直拼到了16进8的名次。在那场关键的比赛上，面对强大的对手，我感觉到了一丝恐惧和畏缩——毕竟是难得的接近胜利的成绩，毕竟已经这么不容易了，毕竟对手确实比我强大。要说这五局三胜的赛制制定者绝对是个智者，既不让你轻易地输，又让你在获得胜利的道路上疲惫不堪。我哆哆嗦嗦地输掉了前两场比赛，走下赛场，被教练狠批一顿。教练没有说我战术不好，没有说我动作走形，没有说应该怎样才能获得胜利或者至少赢回一局，只说了一句"你要是这么输了，从明天开始别再来训练场"。可能这句话现在听来觉得毫无意义，完全是气话，但对于一个孩子来说，就如同晴天霹雳一般。受到震慑的我慢慢地放下失败后的浮躁心绪，冷静让我看清了对手的一举一动，有了自己的思考。趁着对手还处在低估我实力的松弛中，凭借技巧，我扳回了两局。但因实力确实不敌对手，我还是输掉了比赛。这略有戏剧性的结局带给我很多回味——那接近成功时的胆怯，那成功在即时的喜悦，以及那与成功擦身而过时的失落，对当时还是孩子的我刺激很大。这次比赛后，我更加刻苦地训练，明白了机会就如同沙子，一个破了洞的口袋只能任其流失。按常理来讲，我应该说一说这次比赛对我到底有何影响，但我觉得这着实没有什么必要，成长是全方位的，成熟是无法描述的。其实大人不必给孩子成功的教化，你只需让他接近成功，就足以激起他内心的斗志。

坎坷初中路

初中我考上了天津外大附校，在这个与众不同的学校里，我经历了人生中最为自由的时光。入学时，我只是一个天真无邪的小屁孩，被老师们批评为“不踏实”，没能得到什么认可。从初一开始我就当上了体委——毕竟乒乓球不是白练的，可是说实话，我从没在意过这个职务，只知道我是班委会的一员，这个班是属于我的。我所说的“属于”并不是说我掌控着这个班的所有人，而是说这个班的好坏是我付出的直接对象，这个班就是我的家。初中三年，由于得不到老师的认可，我变得越来越压抑。没有了小学时的优越感，心理落差越来越大。初二的时候，我的一个好友因为一些经历心理逐渐向病态转变，开始自残。为了阻止他，我费尽了口水，可是终究不管用。我也不知当时是为什么，总觉得帮他恢复正常是我义不容辞的责任。就在我黔驴技穷的时候，我想起了《孙子兵法》中的妙计——激将法。我以伤害自己的方式，让他体会到这种行为对朋友是多大的折磨。整整一年的时间，我身上留下了无数伤疤,名誉一败涂地,最终成功地帮助了他。这之中的痛苦一般人无法体会,我要极力地控制自己的行为不能恶化,又要足够深地刺激到他,对一个初二的孩子来说这真的是太难了。现在想想,这是我这些年中最为失败的经历,也是最为无奈的经历。我的失败在于我没能选择一个更恰当的方法来帮助别人,却给自己的心灵留下了深深的创伤,那种伤害和痛苦足以把一颗健康的心灵摧毁。几经濒临崩溃的边缘,我也开始反省自己,我到底为什么得不到老师的认可?同学到底为什么离我越来越远?是我的骄傲抑或说是在小学时期的优越感蒙住了我的眼睛。我的同学与我一样是考小卷进入这所学校的,他们也都非常优秀。从入学的那天起,我就应该抛弃这些毫无意义的优越感——这其实已经对我构成伤害的优越感。

初三开学,我不想再以初二时那个疯疯癫癫的状态来面对大家,可似乎总也躲不开大家的目光——现在真的没办法描述当时是多么希望能从这所学校里消失。但逐渐成熟的我也知道,没有什么事可以躲开,逃避只会导致更多问题。初三这一年,我们班迎来第一次区、市级三好班集体的竞选。我虽然不是班长,但还是全身心地投入到准备工作中。为了准备演讲用的幻灯片,编辑演讲稿,我常常熬到凌晨两三点,在这个过程中、我逐渐找到了自我——虽然伤痕累累,却仍是一个完整的人。

初中三年,我的世界观有了翻天覆地的变化。我开始不能容忍自己的错误,因为我能看到我的错误带给他人的麻烦;我不允许自己对别人造成伤害,这种观点在后来逐渐变成了我对完美主义的追求。在众多的改变中,唯一没变的是我对体育的热爱,我一直坚持每天运动,坚持每届运动会跑满 1900 米(1000 米;400 米;4×100 米;4×400 米)。对体育的热爱已成为我的一种信仰,我始终相信,只要我爱它,我就是坚不可摧的。

至此,我的初中生活基本结束。我看懂了什么是对的,什么是错的，我树立起了自己的行为准则，我找到了自己的信仰，我得到了“进化”。我深深地认识到，无论什么时候都不要放弃自己一直热爱的事情，要时刻把握住自己的信仰，它们在不知不觉中会拯救你。

走向成熟

高一的学农体验给我留下了很深的印象。大多数学生在学农或军训中经历的不过是每日的训练和煎熬。在我看来，这种煎熬不但不会让学生懂得吃苦耐劳，反而会使一部分人在回归正常生活后更加过分地享受安逸的生活。我的这一次学农经历却远远不止训练这么简单。学农第一天，我就“中枪”了！教官教我们整理内务的方法，还没来得及有任何尝试，我就被拉到台上去做一次示范。情况可想而知，我极力做到标准，但速度实在是慢，被教官骂了一通。没办法，一个字，忍！之后的日子里更接连无数次“中枪”。由于很多学校在同一时间安排军训，基地教官数量不足，学生太多，有一段时间我们班是没有教官带的状态。怎么办？体委上！

带队训练，带队到指定地点，作为体委，我被大家亲切地称为“姚教官”。那几天中，我还有一次被教官要求去带我们学校初中八个班的男生出来集合，我的嗓子都喊哑了，八个班的小男生们就跟八个班的猴子一样，乱成一锅粥。等我把他们带到操场，教官狠罚了他们。学农活动接近尾声时，我被要求作为学生代表在大会上发言，我熬夜写出演讲稿，虽然很累，却有一种自豪的感觉。

高二这一年我达到了我在中学阶段的巅峰状态。先是成功当选为学生会主席，又作为主席团成员参加了一系列模拟联合国大会。我带领学生会各部开展了多项校内大型活动以及校外活动，这些活动取得了意想不到的社会效应。活动之余，我也听到了一些人对学生会的负面评价——学生会的活动是面子工程，学生会很官僚等等。我能理解大家说出这些话的心情。的确,很多时候我们没能把学生会的作用发挥到极致,活动也没能达到预期效果,才会显得是面子工程。当你真正着手策划一个活动的时候,会发现活动远没有你预期的那样简单,即使你考虑到了很多问题,还是有无数意想不到的问题会出现。但我可以做出保证,我们所做的每一项活动都是想为学生服务。至于官僚主义的评价,我觉得过于言重了。学生会没有高人一等,只是依学生会的结构有不同的分工。我会给这个组织更多的民主、更强的公平性,目的就是打造出一个更加强大的学生自治组织。

规划未来

上高中后,我对于未来的走向渐渐明了,那就是出国。其实,出国的想法最早源于学农时的一段小插曲,其间我被主任叫出去和某厂领导打球。首次接触领导,我无所适从。一上来先和几个职工打,打得还算轻松,基本完胜。一会儿,该和领导打球了,在上场前基地主任走过来跟我说:“别太累了啊,回去还得训练呢……”这不明显告诉我不能赢吗?我从来没这么打过球,一时间也蒙了,完全不知道该怎么打才能显得让对方赢球是正常的。结果一下没控制好,第一局我赢了。再看基地主任脸色都变了,烟也不抽了,任凭烟灰往下掉,连眼都不眨了!这可吓坏我了,以为自己肯定得挨一顿剋。正想着怎么办呢,只听主任和领导说:“您也别太累了,打两局就歇会儿吧。”这意思就是打成 1 : 1 啊!这下可好了,这局必须得输了。于是,我装着自己累得不行了,开始自主失误,这球打得真憋屈,不过好在最后我输了——这么说感觉很奇怪。这段小插曲让我对成人世界有了疑惑,我开始思考未来,我要出国。

出国的想法一直到高一的寒假才真正确定。我开始着手做出国的准备。年初,我参加了 SAT 考试,成绩我很满意,其中的 Subject Test 部分我得了满分。年底,我就要申请国外的学校了。对于我的选择,父母都很支持,也帮我分析了利弊。我隐约地觉得,出国就像是走上了一条不归路,因为鱼和熊掌不可兼得,在参加国内高考和出国之间我真的没有时间来回摇摆。爸爸说的一句话让我印象深刻:“你不是因为这边不好才出国,而是因为那边有好的要去学才走。”这句话纠正了大多数人的一个谬误,即出国是为了躲开现行的教育体制。中、美是两种不同的教育体制,无法判定谁有绝对优势谁有绝对劣势,只不过要看哪种教育更适合你,让你有更大的发展空间而已。只有秉承这一观点,出国才不会误入歧途。

中学阶段不知不觉进入尾声,对我来说,这五年来的每次经历都极为宝贵,它们让我一点点成长,在不断思考和实践中,我改进了自身存在的问题,也挖掘出更多的潜力。

成熟是无法描述的,经历让我们成长,让我们对梦想有了更加明确的定位。当我们羽翼丰满展翅高飞时,会展示出生命的全部魅力。

梦想是什么？是一句"我愿意"，是天时地利的抉择，是一种看似虚无缥缈但在一无所有时能让人坚定地走下去的执着。

倾诉时间：2013 年 6 月 25 日

倾诉人物：杨叶心语

倾诉方式：来稿

2012 年 9 月至 2013 年 6 月，已经上高三的杨叶心语作为交换生赴美国俄亥俄州进行高中学习。虽然高三生活为此延期一年，但杨叶心语从不后悔这个选择。她说："交换生的经历是对梦想的一种肯定。我不知道外面的世界好不好，我一定要亲眼看看它。每走一步我都能看到一个更大的世界，这成为我走下去的动力。我迫不及待地想知道生活的下一步、再下一步会是什么样。"

梦想是什么？是一句"我愿意"，是天时地利的抉择，是一种看似虚无缥缈、但在一无所有时能让人坚定地走下去的执着。这是杨叶心语十个月交换生生活最大的感受。

Chapter 34
做交换生的日子

一

都说青春总要疯狂一次,而我做了一个疯狂的决定。

三万七千米的高空上,飞往美利坚的飞机载着我,离我生活了十七年的故乡越来越远,我开始了有生以来最久的一次远行。

高三做交换生的决定令老师扼腕,令同学不解。我最后一次去学校办手续的时候,老师又一次问我:“想好了要走?”我毫不迟疑地回答:“想好了。”老师叹了口气,无奈地在我的文件上盖了章。

握着所有文件走出教学楼,午后的阳光在每个角落弥散,我看着眼前走过的穿着校服的同学们,仿佛又听到老师再问:“你放弃了保送上大学的机会,不觉得可惜吗?”

阳光有些刺眼,我茫然地问自己,为什么要走?是我骨子里对自由的热爱?还是我不安于可预知的生活?抑或我对更广阔的世界充满向往?

我微微一笑,逆着人群走向校门:与其浪费时间为一个梦想犹豫,不如抓紧时间去实现它!

就这样，我做了这个或许有些冲动的决定，也告诉自己，敢做决定就要有勇气承受一切……

当我从缓缓降落的飞机上看到俄亥俄州一望无际的玉米地时，我按捺住心头的跃跃欲试，对自己说："这一刻，梦想开始。"

我差点儿忘了，很容易就实现的，怎么称得上梦想？

我的寄宿家庭是一个五十多岁的单亲母亲卡伦，她的儿女都已成家另立门户。她是一名房产经纪人，每天 24 个小时里有 14 个小时在工作。整座房子里只有我们两个人，更多时候，我们各干各的，互不相干，使得这座房子越发冷清。

抵达俄亥俄州的第三天我进入了当地的公立学校。这是所白人学校，凭借学生成绩的优良及体育队的优秀在当地享有良好的口碑。我是这里唯一的中国人。

入学第一天，顾问老师将课程清单放在我面前。在国内时听说美国的课程很简单，而我所见到的美国高中课本都是一两寸厚的 A4 大本，密密麻麻地写满英文，我不由得倒吸了一口凉气。一咬牙同时选了微积分、美国历史，还有大学的预备课程 AP 英语文学和 AP 英语语言研究。顾问老师惊讶地瞪大了眼睛，因为这两门 AP 英语课对于美国本土学生来说也是非常难学的。

我一天需要上七节课，每节课之间只有 4 分钟的休息时间，而我就要利用这 4 分钟从一间教室奔到另一间教室。置身于一个全然陌生的环境，穿梭在人群中，根据课表上老师的名字寻找教室，辨认着每间教室的牌子，是件多么令人头疼的事呀！

开学第一天，我手忙脚乱。这一天，我接连迟到了六堂课。最后一节美国历史课，当我踩着铃声踏进教室，长吁一口气准备落座时，老师说："一共有两间美国历史教室。"我一愣，意识到自己很有可能走错了，赶紧扔下句"对不起"，在满屋的哄笑声中跑了出去。这最后一节课,我又迟到了。

俗话说得好,“不当家不知柴米贵”。同理,“不来美国不知道英语差”。在AP英语文学课上,迟到的我踮着脚轻轻走进教室。每个人都拿着书埋头苦读,竟然没有人抬头看我。我找到座位,翻开手边的书,是《威尼斯商人》,老式英语的拼写让我的大脑像电视上的雪花屏一样瞬间崩溃。整整一节课,我只能推断出大家在探讨戏剧作品,度秒如年的一节课熬得我如坐针毡。

下课后,我笨拙地向老师询问我应该怎样赶上进度,虽然读过莎士比亚几十篇作品,却不知如何用英文表达。看着英文老师审视的目光,我尽量不去躲闪,却不可避免地心虚。那一刻我清楚地感觉到,她不喜欢我。

放学回家后,从下午4点到半夜12点,我一直在赶作业。那本《威尼斯商人》看着薄薄一本,却要花上几个小时才能看完一章。当我终于精疲力竭地合上眼,古英语熟悉的字母和陌生的拼写却仍然不停歇地在脑海里穿梭,密密麻麻,搅得我不得安宁。

第二天走进AP英语文学教室,一边心中打鼓一边给自己壮胆,心想自己至少读过中文版的《威尼斯商人》,课堂讨论时一定要发一次言。

还没落座,英语老师就来到我面前说:“你并不适合这门课,对你来说课程难度太大。”

我的脑子里“嗡”地一响,但仍梗着脖子辩解道:“我可以课下读那些书……我,我会赶上的……”

然而,在老师决绝的眼神下,我的声音渐渐低沉了下去。我深吸一口气,目光坚定不移地望着她说:“能不能再让我试一次?”

她微笑了,但却仍然摇了摇头:“不行。”

连委屈也顾不上,我赶紧跑到顾问那里询问能不能保留这节课。谁知顾问早已经把我课表中的AP英语文学那一格改成了“化学”。我转过身,带着心头四溅的怒火,大步流星地向化学教室走去。可是我坚信,你若真的拼尽全力想要完成一件事,全宇宙都会帮你。

二

心里的懊恼还烧灼着,我重重地把书包甩在课桌上,一回头看见矮矮胖胖的化学老师带着大大的框架眼镜的样子,和她毛衣上的那只猫头鹰图案相差无几,我不由得笑出声来。“猫头鹰”老师不明就里,却也不以为意地冲我和蔼地微笑。她走到我面前,我笑眯眯地等着她和之前的几十个人一样,说些类似“希望你喜欢学校生活”之类的话。但她开口却问:“前几年我听说中国有大地震,你家在附近吗?受到影响了吗?”

这是一句太出乎我意料的问话,我回答道:“没有影响。”心里却像是被撞击了一下,对她说了那一天中最真诚的一句“谢谢”,心情也不由自主地在她波澜不惊的注视下慢慢平静下来。

第二天考试。我想,我是个插班生,又是外国人,卷面上有专有名词不认识情有可原。出乎我意料的是,慈祥的“猫头鹰”毫不留情地给了我一个D。我讶异,心想,她对我这“裸考党”扣分也太狠了!她像是看透了我的想法,对我说:“只要你不比别人差,我就不会用比别人低的标准衡量你。”我当然不会比别人差。她的话重重落在我心里,我再也不把自己当成一个交换生或是一个客人。我,就是这里的学生,和别人没有任何不同。别人能做的,我也能。

美国的功课更多的是预习;美国老师不像中国老师那样会在课后给学生补课;而美国的每一次作业,都会计入年终总评;更糟糕的是,美国老师不喜欢学生问问题,他们会认为你没有能力或者不够自信。

一切只能靠自己。我用录音笔录下课上听不懂的内容,每天放学后反复听。借助字典像啃骨头一样,把每一本教材尽量读懂,把每一次作业尽量做到完美，就这样，两个月之后，我能听懂课了。而且，我的化学成绩一跃成为全班第一，其他科目也都越来越好。

几个月之后，“猫头鹰”退休了。她走后，我收到一张卡片，打开来，是“猫头鹰”熟悉的笔迹：“你是独一无二的，我相信你一定能实现你的梦想。我会一直祝你好运。”手握卡片，我告诉自己，这个舞台，我准备好了。

三

在美国学校里，最受欢迎的人绝不是一心只读圣贤书的考试天才。因此，我只钻研书本还远远不够。圣诞节快到了，一年一度的圣诞音乐会是这个小镇的大事。“我要参加演出！”我对自己说。

我来到从未进去过的音乐教室，里面传来音乐声，我知道那是乐队正在为音乐会进行排练。我的手停在门把手上，倒数了几个数，深吸一口气，敲响了那扇门。

音乐老师是一个正当妙龄的年轻女子。“你好！我是来自中国的交换生……你愿意听听我弹钢琴吗？我希望能够参加圣诞音乐会。”我鼓足勇气一口气说出这些话。我的话音刚落，教室里响起了一片议论声。我诚恳地望着老师的眼睛，老师惊讶的神色终于被一抹微笑化开：“来给我们演奏一曲吧！”

成败在此一举。随着指尖上熟悉的旋律响起，我的心渐渐平静，当最后一个音符落下，满室寂静……

老师的掌声打破了沉默：“愿不愿意在音乐会上来一首钢琴独奏？”

那是我三个月以来笑得最开心的一次。

当然，随着毛遂自荐的成功，我又有了新麻烦。我的寄宿家庭没有钢琴，距离音乐会只有一周时间了，我只能在学校利用午饭的30分钟练习。就这样，我七天没有吃午饭。现在想想，那时的自己像是在黑暗中挣扎许久终于发现光源的飞蛾，只想摆脱先前的一切窘迫——我等不及了，我想要一个新的开始。

圣诞节那晚，作为传统，满城的人都来观看音乐会，楼上楼下的看台挤满了热切的观众。厚厚的帷幕后，我听着人们寒暄落座，那些嘈杂仿佛来自远方，我眼前闪过这几个月来在这里遇到的桩桩件件。

音乐会就在我的钢琴独奏中拉开序幕。当我起身谢幕时，我看到台下每一双眼睛都将目光聚集在我身上。长时间的掌声告诉我：演出很成功。而我告诉自己：从此刻起，新生活开始了。我要走通这条路，而非等着路来成全我。

四

听说沙漠里的植物会在干旱的日子里养精蓄锐，只需一滴水便会重新开放得妖娆无惧。我觉得我就像这种植物，那次音乐会就像一滴水，带给我大梦初醒一般的快乐。

有天放学看见朋友罗丝和一组女生在擦历年学校获奖的奖杯，我就上去助她一臂之力。我随口问她："为什么要擦这些呢？"她告诉我，这是 NHS(美国国家高中荣誉生会)社会实践的一部分，NHS 是美国学校里的顶级荣誉组织，被称为"学生领袖的集中地"。

尽管这个组织是美国学生荣誉社团，但我还是鬼使神差地去见负责老师。我问："怎样才能加入社团？"

老师惊讶地打量我一下："加入 NHS 有很苛刻的要求，而且是在学年初进行选举，从来没有在学期中间破例加入的人。"

我说："那您能告诉我都有什么要求吗？"

10 分钟后，我走出老师办公室。心中盘算：我需要证实我的领导能力；需要得到老师推荐；需要保持足够高的 GPA。

第二天，我走进负责学生会老师的办公室。走出办公室时，我已经成为了一名学生会成员。老师得知我在过去的几个月里去当地养老院服务,为学校义卖,与当地消防队为 NBA 募捐,立刻决定吸收我入会。

三天之后,我的助教申请顺利通过,正式成为音乐老师的助教。当然,音乐老师也成为我加入 NHS 的推荐人。

然而我的 GPA 并不乐观。虽然很多课已经渐入佳境,然而英语课却总让我如坐针毡。

一天,英语老师发给我们一篇文章,是一篇影射社会主义国家的文章。我还没看完,就听到英语老师问我:"你有什么想说的吗?"我不愿抬眼看她得意扬扬的样子。没想到她竟得寸进尺:"你不回答,那看来都是真的了,你来给大家讲讲中国有多封闭吧!"我被她惹毛了,猛地抬起头来大声说:"我来告诉你,你的围巾是 Made in China,你用的笔也是 Made in China,你再看一看你用的东西有多少是 Made in China?在美国,有哪个地方没有中国的影子?中国要是封闭,我现在就不会坐在这儿了。相反,中国很发达,也很开放,中国的孔子学院已经办到美国了,你难道不知道吗?"我狠狠地看着她,我想我已经忍无可忍了。她或许是被我吓到,停顿了一下,耸耸肩转移了话题。回过神来我才发现自己身体前倾,双手紧紧抓着桌子边沿,仿佛随时要将桌子扔出去一样。

此后她收敛了许多,开始认真地给我一个成绩,而不是敷衍地在每篇作业上画一笔。

第一学期结束时,我带着 3.987(满分是 4)的 GPA 再次出现在负责 NHS 的老师面前,老师赞赏地看着我,声音却在犹疑:"我们从来没有过学期中间加入的学生啊。"

"我想,也从来没有中国人加入吧?那么我来做个例外怎么样?"我脱口而出。老师笑了起来:"说得对啊,我们下学期第一周就会有一个新活动,你也来参加吧!"

开学后，NHS 的活动任务是在情人节之际售卖糖果，然后将所得钱款交给当地的福利院。恰逢威斯康星州枪击案发生，我便提议将善款捐给遭受枪击的那所学校。果然，此举得到了大家的支持，也有更多的学生前来买糖，甚至直接捐款。

那些天，我每天中午参与售卖过程，倒也觉得有趣。因为是在情人节，看着男女朋友悄悄来为对方买糖并附上留言，事后再由我们交给收糖人，倒也是一件美事。所有糖都销售一空的那天，我和几个 NHS 成员将空盒子搬去回收，却见老师和所有 NHS 成员在那里等我们。老师向我迎上来说道："欢迎你成为 NHS 的一员。现在我相信，NHS 不该错过你这个例外！"

五

我能感到生活在我看不到的地方一点点发生变化。就像黑夜里的海浪，看不到暗涌的轮廓，却能感受到前赴后继而来的波涛起伏不定。

每天回家后，学校的种种热闹一下子冷却，卡伦独自在里屋工作，无暇顾及我。我走在房子里，听着自己脚步的回声，连百无聊赖都无处安放。但日子的脚步虽毫无声息，我却仍能感到它们来了又去，与我狠狠地擦肩而过。

这天中午午餐铃打响后，我正要走向那张我坐了一个学期的桌子。突然那张桌子上传来的声音像张无形的屏障，一瞬间止住我的脚步。

"是啊，她跟咱们可不一样……"

"中国就是没法跟美国比，谁不讨厌中国呀……"那背对我的女生哈里正掩口大笑。

我的嗓子眼儿发紧，顾不得什么礼节，三步并作两步走过去冷冷地看着她们。她们见到我赶紧收住笑，哈里的脸色有些发白，嘴角紧闭，目光闪烁，不敢和我对视。我感觉心底的火苗往上蹿，不怒反笑：

“对，我当然和你们不一样，因为我处处都比你们强。”说着我将我的那张椅子一下抽走甩得远远的，扭头离开身后满桌的寂静。我怒气未平，却不知该何去何从，只得放慢脚步，同时用余光偷偷打量四周有没有朋友能够给我个座位。

“嘿，来这里坐！”在这关键时刻响起的声音真是无比动听。我回过头，看着冲我挥手的汉娜，我情不自禁地给了她一个大大的笑容。

后来，我们无数次回忆起那天的场景。我总是拉着汉娜说，你真是我的救星，她便埋怨我没有早点儿来跟她坐在一起。我脑海里闯进一个词——相见恨晚。

和汉娜坐在一起的那天是我最快乐的一天，因为我突然发现，和美国人说起话来也可以这么轻松。我的英语还是磕磕巴巴，可我丝毫没有没话找话的感觉，我们很投机地聊了起来。

我开始在放学后去她家玩。她有三个妹妹，其中两个竟是从中国领养的。尽管她们从一出生就来到美国，然而看着她们的黑头发、黑眼睛，我仍然觉得有种奇妙的亲切感。

一个月后，我从卡伦家搬了出来，成了汉娜家的一员。

汉娜的爸爸妈妈——此刻也变成了我的“美国爸爸妈妈”——叫我们“长得不像的双胞胎”。我们穿一样尺码的衣服，我们留一样长短的头发；我们都喜欢泰勒·斯威夫特的乡村流行歌曲；我们都喜欢在车里听加拿大五分钱乐队的碟；我们都喜欢在香草冰激凌上淋一层厚厚的巧克力酱，喜欢在蔬菜上撒好多好多的胡椒粉；甚至我们都喜欢在看电影的时候吃糖而不是吃爆米花。我们分享一个房间，所有的CD、食物和衣服。我们偶尔跑去买一模一样的衣服，然后穿上一起去看电影。影院里见到一对小双胞胎，我们蹲下来对她们说：“看哦，我们也是双胞胎！”双胞胎的妈妈惊疑地看着我们，我们落荒而逃然后乐不可支……

人的一生会遇到很多人，得一知己却并不容易。我总觉得遇到她之前，我一定花了很长时间，为此积累了足够的运气。记得有一次她说，我以前一定认识你，你比我的亲妹妹更像我。我说，这在中文里叫作“一见如故”。

六

夏天越来越近，天亮得越发早了，而我也前所未有地渴望着每天的到来。我知道梦想比宝石闪光，我正向它无限接近。

对于美国高中生来说，学生时代没什么比高中毕业舞会更值得令人翘首以待的了。早在三四个月之前，女生们就开始为舞会做准备了。而做舞会的王后，是每一个女孩子的心愿。

舞会的国王和王后是由学生选举产生的，先由学生们海选出候选人，然后，在舞会当天选出最终的国王和王后。

海选后的第二天，我正拖着书包在走廊里横冲直撞，突然从广播里听到我的名字。我一怔，迎面走来的同学们纷纷冲我翘起一个大拇指：“嘿，干得好！”我一头雾水：“我做了什么？”“你成为舞会王后的候选人了啊！祝贺你！”我有些懵懂地往前走，心里默念着：我成了候选人？我竟然成了王后的候选人？直到汉娜扑过来拉住我：“太好了！祝贺祝贺！”我也突然随着汉娜一起爆发出大笑——我就站在熙熙攘攘的走廊里，笑得像个傻瓜，我真的没想到会有那么多人投票给我，那天我开心死了。

舞会那天，我们与舞伴步入会场，听着各自的朋友高呼着我们的名字。我左手边的候选人满脸不屑，我右手边的候选人貌似胜券在握。我看着人群，情不自禁地绽放出一个灿烂的笑容。

当那个写有国王和王后名字的信封被送到了校长手上，周围一下子安静了下来。我的思绪有些恍惚，校长说了什么，我根本没听到，只感觉灯光突然打到我身上，听到周围高高低低的声音在呼喊我的名字。王冠被戴在我头上，所有人的目光都聚焦在那顶王冠上——我当选了舞会王后！此刻，我感到心中的自信如此强大，十个月以来所有的伤心、孤独在此刻都烟消云散。那些为我欢呼的同学和老师们，只是我素不相识的路人，此刻却成为支持我的朋友，让我深深感激。

我看着汉娜向我奔来，我紧紧拥抱了她。我说："我宁可一路奔跑跌倒数次，也不要慢吞吞地走上一辈子。"

一瞬间我突然意识到，这脱口而出的寥寥数语，正是我曾苦思冥想的那个引领我远涉重洋的梦想。在十个月之后的今天，在数遍了那么多废寝忘食的日夜与黑白颠倒的思念之后，我终于抵达梦想的小站。我无数次庆幸十个月前我做交换生决定时的果断，是那些勇气让我无畏荆棘瓦砾，是那些自信让我能在任何跌倒的地方重新站起来，是那颗承载着梦想的心让我坚持着一路飞奔向前。

梦想不是空中楼阁，它是一个人心灵美好之地，是让人百折不挠、绝地重生的武器。它最单纯也最可爱，最现实也最高贵。

倾诉时间：2013 年 7 月 17 日

倾诉人物：王可

倾诉方式：来稿

王可是天津实验中学学生，幽默乐观，性格外向，标准处女座，完美主义者。她自称是平凡人，喜好卖萌，擅长抬杠，热爱读书、写作、旅游，对梦想有着迥异于同龄人的理解和感受。她曾参加中国第三、四届生肖画大展；荣获第十二、十三、十四届中国少年作家杯作文大赛二等奖；2011 年、2012 年被评为中国少年作家班优秀学员。平凡人的梦想，最单纯也最可爱，最现实也最高贵。

Chapter 35 平凡人的梦想

我今年14岁，是一个很平凡的女孩，不高不矮，不胖不瘦。偶尔努力学习可以考到全班第一，懈怠了有时也会在二十名左右徘徊。学数学脑子不太灵光，幸而擅长语文和写作。老师以为我是一个很乖的女孩儿，但我跟闺蜜在一起时却很疯。参加过多种比赛，成绩永远是二等奖。就连头发的长度也是不长不短刚好能束起来。我的生活基本算是家、校两点一线，平淡无奇，波澜不惊。这样一个平凡的我，却喜欢在各种梦想中游走。

总有人跟我说："你文笔那么好，以后当个作家吧！""把自己喜欢做的事当成职业，不是挺好吗？"

被他们鼓动着，很没逻辑的我曾一度梦想着当一名作家。一有时间，就写一些随笔，读一些文学方面的书，看文学杂志，为自己充充电。渐渐的，也会听到老师和父母这样的声音："别看闲书了，多背背书、做做题！要把精力放到学习上！""写这些东西有什么用啊？还不抓紧时间学习！"

原来，他们只看重我交出来的令他们满意的试卷和成绩，他们认为我在写作上付出的努力是浪费时间。我开始审视自己波动的成绩，我知道如果不做出努力，就会落得《伤仲永》里仲永“泯然众人矣”的下场。

更何况努力，还并不都尽如人意。每次参加全国作文比赛，仿佛都是获得二等奖。去年暑假，我去参加中国少年作家班的活动，认识了很多少年作家。他们的文章通常占了全部获奖作品合集的二十多页，文字成熟新颖。他们中很多人，都打算中途放弃学业专心写作，那种写作的热情和不顾一切的勇气，在我身上全然看不到，也是我的生活所不允许的。我那薄薄的一页半纸的文字，就像我的底气一般不足。我明白了，我这“鱼与熊掌欲兼得”的状态，注定不能让我成为真正的作家。

所以，后来每每有人夸我写作好时，我都会深深低下头，真不是谦虚，而是惭愧。我这么平凡，没有天赋，只是靠着后天的一点点努力取得了小小的成绩，有什么可夸赞的呢？

记得，我儿时的第一个梦想是做一名画家。只要手里有一支笔，哪里都是我的画纸。从在幼儿园学儿童画，到长大后背着画夹去画室画静物，去公园写生，我一直在为这个最原始、最单纯的梦想努力。

有一年参加生肖画展，我和另外一个学生去老师家里画老虎。首先在纸上画一遍老虎，再在海绵纸上拓一遍轮廓，剪下，拼成有立体层次感的老虎，贴在硬板上，这样，工艺画就基本做成了。老师和我们商量说，硬板本身就有保护作用，没有必要再花钱配画框了。参展时，柔和的灯光洒下来，我的小老虎在玩弄绣球，神韵灵动。有很多人对我们的作品表示赞赏。赞赏声中我听到有人说：“要是配了画框，作品就更完美精致了。”我默记在心里。

第二年参展，老师和其他学生依旧没有配画框，只有我去古文化街花了三百元配了个画框。其他学生和家长对我举动的不满，自然写在了脸上。我做不到视而不见，但是我想做到为我的作品负责，为我的努力、我的梦想负责。送展时，我没有跟着去，而是把画托付给老师送交；画展时我有事，在展出接近尾声时才匆匆赶去。我喘着气跑进去，屏着气站在我的画前——站在我失了画框的画前——站在我的和别人一模一样灰暗的画前。硬板的四周留有参差不齐的白胶，显然是受到了巨大撞击和磨损。我询问工作人员，为什么把我的画框取下，他们都推脱干系。

我失落，我委屈，我质疑，但是我只能接受。梦想注定是孤独的旅行，路上少不了嘲笑和挫败，但，那又怎样？我是一株生在绝壁上的野草，任风吹雨打，我兀自挺立向上。

初中二年级时，我在学校里参加文学社，听高二的社长姐姐讲话，看她神采飞扬，气场十足，大事小事总能轻轻松松地搞定，我心里隐隐有了一种幻想，如果我是她……但那似乎是遥不可及的，只是随性想想罢了。意想不到的是，有一天，年级组长找到我说："八年级要建一个心灵社，这是一个向同学普及心理知识的社团，你来当社长吧……"嘿，幸福来得太突然了，我立马答应下来，心想这次一定要加油啊。

第一次以社长的身份去参加社团会，着实被资历雄厚的老社团——国学社和科技社震慑到，想到我手中仅有的一支笔和一个记录会议内容的小本子都觉得寒酸。年级组长是教心理课的，帮我抢在国学社之前订到心理教室。首战告捷，接下来就要靠自己了。我上网找图片，请电脑技术好的同学设计纳新海报，印出来贴在公告栏里。完全没有经验的我，心里根本没底会有多少人对"心理"这个主题感兴趣，于是做好了冷场的心理准备，只打印了50份报名表。纳新那天中午，其他社团有发传单的，有表演节目的，有做机器人演示的。我这个平凡的姑娘和新成立的社团该怎么办呢？秉着人多力量大的想法，我拉了很多同学帮我一起搞宣传。一开始大家心里都有点儿紧张，但后来看到围拢过来的同学多了，还有很多学长、学姐，也就越来越放得开了，干脆直接站到椅子上吆喝:“把你不开心的事跟我们说，你就开心啦！”“加入心灵社吧！心理都健康啊！”最后，报名的人实在是多得超出了想象，只能通过面试来筛选了。

通过定期组织内容丰富、形式多样的社团活动，心灵社在校园中的知名度越来越高，我们不再是那个开会时连头都抬不起的小社团了。学生会负责社团工作的学姐高兴地对我说:“没见过你这样的，才初二啊，把社团办得这么好！”其实在办社团上，我也不是一帆风顺。比如中午自习时，我要到各班去联络一些有特长的同学，费尽周折说服他们帮助查找资料、制作PPT、提出活动建议等，有时，还会遇到个别班主任对社团活动不理解，我只得向年级组长请求援助，麻烦她去争取班主任老师的支持与配合。

时间慢慢过去，我要上初三了，学校规定毕业班同学不得参加社团活动，会有初二的学弟、学妹接过心理健康社团的大旗，我要“退居二线”好好学习了。因为，初三的我有了一个更现实的梦想:中考取得好成绩，为进入一所理想的高中而奋力拼搏！

暑假期间，上届初三的教室空了整整一个楼层，而我，就成了新一届的初三学生。变了一个身份，生活仿佛就变了很多。比如，在马路上遇到熟人，人家会问:“上几年级了？”听说上初三了，就像是提前准备好台词一样，换上同情的表情说:“哎呀，这一年不好过呀！”再比如，一天里会反复听到老师、家长的很多督促，大体也都是“初三了，要刻苦努力”“中考多么重要啊”这类语重心长的话语。

假期在学校补课，班主任说:“荒废了一天，就等于失掉了几分，一天天过得快极了，等中考真的到来时你们再后悔就晚了。”老师们就算上课跑题，说的也都是中考:“有的差生奋发了，考进了好高中；有的好学生堕落了，未来渺茫。”我们听着那些成败悲喜，像听故事一样——虽然早晚会轮到我们，我们的未来也会成为他人听到的过去的故事。

如果某个女生突然换了发型，是会被叫到办公室训话的。爱美之心人皆有之，只是在分数面前，这种爱美之心往往被蹂躏得别有一番意思，就像烂在马路上的一只蜜桃。

以前的学习生活对我来说是很轻松的，但是现在一天五节课，一节课 70 分钟，课表尽是英语、物理、语文、数学、化学这些主科，除此之外，我还要奔波于各种数、理、化课外班，生活好像没有可以稍微喘口气的时候了。就算偶尔放松一下看个电影，心里竟然觉得愧疚，因为在去电影院的路上，会忽然想起练习册还有三四页没有写。以前休息的时候抱着手机，抱着电脑，但是现在休息的时候，看着窗外天都黑了，就只有爬到床上，哪怕不睡觉，也不想弓着背坐在椅子上。

有时候，觉得自己真不容易啊，但是，这些不都是为实现梦想而付出的努力吗？想起妈妈跟我说过："要拿出小强的精神哦！"老师有时也会放下粉笔，告诉我们其实这些都不算什么，虽然每天很累，但是每天都有进步，这会成为以后的宝贵记忆。还有闺蜜发过来的鼓励："这一年，慢慢来，会成功的，一起加油！"有他们在身边，我觉得很安心，不再害怕那些海伦秦九韶公式、神奇的小滑块、原子量和原子价。我会加油，会刻苦，会坚强，努力证明我能行！

我是一个平凡的人，梦想单纯又现实，但我知道，每一个平凡的人都不平凡，只要心怀一个哪怕微小的梦想。我正走在创造希望、完成梦想的路上，我正在努力……

无论怎样，梦想，总潜伏在我们心底，令我们心生渴望，让我们孜孜不倦。

倾诉时间：2013 年 7 月 18 日

倾诉人物：田鑫

倾诉方式：来稿

田鑫的激情和思辨在第八届中国中学生作文大赛演讲赛中表露无遗，他由此获得了这届大赛的“恒源祥文学之星”提名奖、“恒源祥文学之星”最佳人气奖。田鑫说自己是一个很复杂的人，对待朋友从来是无悔付出，对待事物却缺乏足够的毅力；理想化，总是劝慰别人要相信未来是美好的，但是自己有时却现实又消极。朋友这样形容他：“对现状不满，寻求革新，却容易受阻；富有热情但不严谨；做事急于求成，世故不老到；激情大于学识。”18 岁的田鑫尚有许多不稳定之处，但有一点是他矢志不移的，那就是成为一名作家的梦想。他说：“这些年来，除了写作，我或许找不到其他坚持下来的事情了。”为此，在 2013 年高考结束后，田鑫坚定地在志愿表上填下了“南京师范大学中文系”。做一个自由自在的写作者是田鑫的追求。他的讲述告诉我们：无论怎样，梦想，总潜伏在我们心底，令我们心生渴望，让我们孜孜不倦。

Chapter 36
“傻瓜”的自豪

一

我也不知道自己是从什么时候开始决意要当一名与文字为伴的人的。

在我小的时候，还信誓旦旦地要成为科学家、运动员、宇航员，但是当我高二做文理分科选择的时候，却一丝犹疑都没有，坚定地选择了做一名文科生。

其实直到现在，我还是羞于说出“作家”这两个字，因为我还不够那个高度，甚至连把它当成一个目标都会心怀惶恐。

这是出于一种敬畏，一种发自灵魂的崇敬。

二

我大抵是在十四五岁的时候喜欢上写作的。

我记得那个时候郭敬明很火，火到每个同学都以看他的书为自豪。我看了一本他写的名叫《悲伤逆流成河》的书，直看到泪流满面，最终萌生了我也要写作的念头。

或许很多人会对我嗤之以鼻——原来我也是一个跟风者。是啊，我就是跟风者，不是因为看了什么巨匠名作，也不是出于什么崇高理想。

现在，我还差一个多月就满 18 岁了，我会看周作人、梁实秋的作品。我觉得这种过渡挺正常的——从流行文学到严肃、高雅文学和名家名作。人们喜欢把这种过渡叫作“长大”，我更喜欢称其为“成长”。

但这只是一个开始，真正带给我改变的是网络小说。

是的，就是那种快餐式的、粗糙的、浮躁的网络小说，就是那种文字只有高中生水准的网络小说。这种简单、简陋、被很多人看轻的文学形式，让我感到了一种渺小却想反抗的意味。

几年前，在网络文学还式微的时候，我看了第一本网络小说。这种情节丰富、文字简单的作品，顿时让我沉迷，无法自拔。如果说对于有着绚烂辞藻的文章的向往让我看到了写作这片天地的话，那么无数无名的网络写手就是我意志的定海神针。他们都只是普通人，没有很高的学历，没有惊世的才华，每天坐在电脑前十几个小时，用几个月的时间写出普通作家一辈子也写不出来的字数。

有人会说这不是什么值得拿出来说的事情，因为都是为了钱。是啊，这世界哪里有不为了钱的事情呢？普通人有钱才能生存，作家也要用写出来的东西换取稿费，网络写手更是这样。可是，你知道有多少人每天写上万字，但是一个月却只能拿到可怜巴巴的几百块钱吗？他们要忍受白眼，甚至，他们被称作“写手”而不是“作家”，他们的工作叫“码字”而不叫“写作”。其实如果放弃的话，就算去饭店当一个普通的服务员，他们的收入也能轻松过千。但是，他们没有。

为什么挣扎在温饱线上还能咬牙坚持？

为什么读者寥寥还要再写下去？

为什么不被认可还要固执地去做？

为什么?

不屑一顾的你,想过吗?

三

我记得我在给朋友的信中这样写道:"我的爸妈都希望我去学经济、金融这些好就业的专业,希望我别走写作这条路,希望我能够安安分分,当官,挣钱。我知道我要是选择了写作的话,基本上就和这两件事绝缘了。就像我眼前的'升官发财请走别路,贪生怕死莫入此门'的对联一样。但我还是选择了,并且把所有的退路都切断。这条路能走向哪里,我自己也不清楚。没有谁能保证选择了它就一定能走出个名堂来。这是一条有去无回的路,古往今来很多人都跌倒在这里。可我想说:我要走,虽然不能保证一直走下去,但我至少要有一次走下去的机会。"

一种莫名的使命感驱使我高考后填报志愿时选择了中文系。

之后听到的最多的问题就是:"为什么要选择汉语言文学专业?"我必须要很耐心、很耐心地告诉他们:"我喜欢写作,我想通过学习一些专业知识提高自己的写作能力。"大多数人会露出一种暧昧的笑容,尴尬地应付我:"喜欢就好,喜欢就好。"

我知道大学是人生中很重要的一个转折点,所以,这个时候的决定就不能任性地单纯按照自己的喜好决定,我们需要考虑就业、生活还有生存。毫无疑问,汉语言文学专业并不是一种特别值得信赖的生存技能。提到它,人们会想到失业,想到一无是处,想到一些落魄文人。

所以,当我没有被第一志愿的汉语言文学专业录取,反而阴差阳错地被公共管理类专业录取的时候,我的爸妈是高兴的、快慰的。我爸拍着我的肩膀说:"这是天意。"那个时候我正在查转专业的资料,我转过头笃定地告诉他:"大一下学期,我就会是南师文学院的一名学生了。”

四

在这个世界上，生存是人类最根本的目的，所以，大部分人都在为此奔波。但是，总要有人为了某些信念活下去。这些信念，你把它称作“信仰”也好，“梦想”也罢，总之，它在大多数人眼里是虚无的、不切实际的。人们把肯为了它们而脱离生存实际的人叫作“傻瓜”。

我很荣幸，我是其中的一分子。

我为我是一个“傻瓜”而自豪。

在追寻梦想的道路上，每一天都是缤纷的，都是为了实现梦想向前迈进的一步。

倾诉时间：2013 年 7 月 25 日

倾诉人物：徐晴

倾诉方式：来稿

2013 年 7 月 16 日，《每日新报》登载了一则消息：“彤晴姐妹考同分”，由此我知道了徐彤、徐晴这对双胞胎姐妹。几经周折，我联系上妹妹徐晴，她向我讲述了她和姐姐形影不离、互助进步的成长故事。

这是一对可爱的双胞胎姐妹，生活于她们是崭新的，梦想是她们相互扶持、相互鼓励所走过的最美风景。对于未来，她们充满期待，因为在追寻梦想的道路上，每一天都是缤纷的，都是为了实现梦想向前迈进的一步。

Chapter 37
双胞胎的传奇

有时候想起来真的很神奇。同样的皮肤,同样的血液,上天有意把我们安排到一起;同样的头发,同样的双眸,我和她随夏末的落叶一起诞生在这世界上。我们是双胞胎,同呼吸,共命运,18 年来不曾分离,以后也还会形影相随。我们的故事要从哪里说起呢?

虽说是双胞胎,但我们的性格却截然不同,姐姐外向开朗,我却比较内向,可以说我们刚好互补,这大概是我们彼此难以分离的原因吧……

似乎除了与我们朝夕相处的家人外,所有人都分不清我们。每当家里有客人来时,猜我们谁大谁小就成了固定不变的保留节目,我们倒也乐于站在大人们面前,让他们仔仔细细地观察一番,然后在他们说出错误答案后,大声地纠正。每每如此,无一例外开心。

小时候我家条件不是很好,因为有两个孩子,经济负担很重。别的小朋友有玩具、零食之类的好东西,我们只有眼馋的份儿。我们总是眼泪汪汪地问妈妈,为什么我们不可以有漂亮的衣服和玩具?妈妈总是笑着说:"因为你们有一笔人生最宝贵的财富啊, 双胞胎姐妹可不是人人都有的！”妈妈的话在我们小小的心里种下了种子，从那时起，我们彼此就把对方看成最珍贵的宝物，成为我们时常拿来向他人炫耀的资本。

我和姐姐从小喜欢画画，这缘自妈妈对我们最初的教育。不知不觉的，它在我们的心里扎下了根，成为我们最初的梦想。

尽管家里不富裕，妈妈还是给我们报名上了美术班。初次接触素描时，我们就深深地被那光影与线面的完美结合吸引住了，从此，每周一次的美术课成了我们最盼望的事。除了认真完成老师留的作业外，我们也会在空闲的时候一起临摹。渐渐的，我们的作品得到了老师的认可，我们还被推荐参加了全国各类少儿美术大赛。我们总能不负众望地取得优异的成绩，这也使我们更加坚定了对美术的热爱。现在想来，我们姐妹俩的艺术气质，与年幼时对美术的喜爱有着莫大的关系。

应该算是一个巧合吧，一次，我偶然间读了《林徽因传》。我第一次知道了世界上还有这样美丽而富有才华的女子，也第一次了解了林徽因与梁思成动人的爱情和他们对建筑艺术的执着追求。于是，这个美丽的女子和她的梦想便深深地根植进我心里。渐渐的，我发现自己与林徽因有许多相似之处，我也热爱写作，热爱艺术，并且对世界各地的建筑文化具有浓厚的兴趣。成为第二个林徽因的想法在我的脑海里生下了根并慢慢地坚定下来。

童年的时光就在我们的嬉笑声中度过了。六年级时我的成绩一直不太理想，而姐姐却稳居前十名，完全有把握考上最好的中学。为此，妈妈没少劝我，她实在不想让我们分开，接受不同的教育。可是十几岁的孩子哪里听得进妈妈的劝说呢？我整天依旧心不在焉。

一天，妈妈突然很开心地告诉我，她求了很多人，终于帮我争取到另一个学校的名额，可以降分录取。在哪上学我自然是无所谓的，但一想到上了这个学校就会与姐姐分开，我还是忍不住大哭了一场。

似乎命运也不愿意让我们就此分开，它跟我们都开了一个玩笑——收到成绩单那天，姐姐哭了我笑了——姐姐没有考上那所最好的中学；而我，也没有考上妈妈为我争取到名额的学校，就这样，我们又在一起了。直到很久以后妈妈还会庆幸地说："幸好当时都没考上，要不这两个孩子也许就是另外一个样子了呢。"

上初中以后，我们都有一种强烈的自卑感，总觉得处处不如别人，但渐渐的我们也习惯了在小小的自卑中享受我们小小世界里的快活。我们会在周末阳光明媚的午后打开收音机听小说，或是随意地画上几幅漫画，开心时一起唱歌。我们也会为了避免妈妈的唠叨把一本本小说藏在书桌的抽屉里，写作业时偷偷地看上两眼，还互相打着掩护。甚至为了我们最喜欢的那家面包店，在寒冷的冬天早早起床，坐一个小时的公交车赶在早自习开始前去买几个面包……一件件小事，现在回想起来还满溢温馨。

说起来，我跟姐姐真正的转折点应该是在初二的暑假。那次期末考试我们考得很差。本以为妈妈会大发脾气，但是没有，她只是拿着我们的成绩单看了一遍又一遍，手微微地颤抖着，一句话都不说。那时，我们仿佛在妈妈的眼睛里看到了失望。商量之后我们决定去上补习班，在去补习班的路上我们规划着自己的学习目标，心里是满满的期待。

我们并不是十分聪明的孩子，但我们却有着无比执着的心，既然决定了要有所改变，就会全力以赴。

那个暑假，我们约定要一起考上最好的高中，从此我们收起了心爱的画笔，收起了最爱的小说、漫画，安安静静地坐回到书桌前。疲惫时我们互相鼓励，苦思冥想终于做出某道难题时，会跟彼此分享。整个暑假我们都在努力学习，全力追赶。

努力终于有了回报，我与姐姐都顺利地升入理想的高中，但我们都知道这并不意味着努力的结束，更重要的还有入学之初的分班考试，所以，当别的同学沉浸在升入高中的喜悦中时，我们仍然埋头复习着初中的内容。

分班考试成绩出乎意料的好，我被分入了实验班，姐姐也进入了重点班。这几乎是我从来不敢想象的事，我从不认为我有这个能力。我开始利用剩余的暑假自习着高中的知识。

尽管笨鸟先飞，进入实验班的压力还是使我喘不过气来，也就是在这时，我开始变得孤僻，在班里几乎没有朋友。那时的我一心想着有没有朋友无所谓，成绩好是最重要的。这种执念几乎控制了我整个高中的生活和学习。而姐姐的想法却与我截然相反，她不仅参加了学生会的竞选，成为一名干事，更在班中担任了团支书的职务。那时的我每当看到姐姐为了学生会或班集体大大小小的事情忙得焦头烂额甚至没有时间学习时，都会暗自庆幸自己是多么的明智。

虽然我没有姐姐那样的工作能力，但我有傲人的成绩。可这是建立在我每天早上 6 点起床、半夜 12 点半睡觉、一刻不离书本的努力上的。

渐渐的，一张张醒目的成绩单使我变得盛气凌人，每次姐姐问我问题时我都回答得很不耐烦，可是姐姐却从不计较，仍旧按时做饭给我吃，在我学习压力大时适时给我鼓励。后来我无意中看了姐姐的日记，才知道她其实并不是不在乎，而是比我更加成熟、懂事。她说："爸爸妈妈，你们的小女儿变化好大，可是你们不要伤心，她只是学习压力太大，我会劝她的，不管怎样，你们还有我这个懂事的大女儿呢。"我的眼泪掉下来，我开始认真反省我的错误——为了学习，我失去了很多，也伤了家人的心……

如果说高一、高二生活还算风平浪静的话，那高三的生活简直可以用"波涛汹涌"来形容了。

进入高三以后，大家都开始努力学习了，尽管做好了成绩下滑的准备，我却没想到会有如此大的退步，20名、30名、40名……每当考试过后看到逐步下降的成绩，我都会在深夜里哭上很久。姐姐的成绩虽然一直没有我好，但心态却比我强百倍，总是想尽一切办法安慰我，让我重拾信心。

为了提高理综成绩，我俩约定，每个周日早上的自习时间都要计时做一套理综卷，然后对答案。我们的成绩慢慢有了起色。

时间过得很快，仿佛永远都不够用。高三下学期的学习更加紧张，姐姐在这时接到了一个特殊的任务——担任百日誓师大会的场下主持人，我也光荣地被姐姐委派成了"托儿"。任务很简单，就是在全年级同学面前大声说出我的梦想。至今我还清晰地记得，当我大声喊出"我要做第二个林徽因"时场下爆发出的雷鸣般的掌声，这对我来说是最大的鼓励了，再没有什么比得到这么多人的肯定与祝福更能使人振奋的了。

高考前的一段时间是最难熬的，那种紧张的气氛让人随时有崩溃的感觉，尤其我又是在实验班，这种感觉就更加明显。我们偶尔会在下了晚自习后躺在草地上看星星，或是跑跑步，聊聊我们的梦想，生活简单而美好。

高考前的一天晚上，我跟姐姐一起放飞了一只写满了我们梦想的孔明灯。望着那只孔明灯在漆黑的夜空慢慢飞远，我们抱着哭成了一团，十几年携手走过，如今我们却要因为高考各奔东西……

我哭着说："姐姐，以后我们可怎么办呢？我犯懒的时候谁给我做饭吃？我不开心时对谁发脾气？晚上你把被子踢开谁给你盖上？早上你赖床谁会叫你？"姐姐也泣不成声，那一刻的我们，好像分离就在眼前……

高考后的一段时间非常纠结，我预感到自己没有考好，估分也不是很高，但还安慰着自己，估分是不准的，也许结果会让我大吃一惊呢。那时我设想了很多种结果，甚至想到我会比姐姐考得差，每每想到这些我的心里总是悄悄地打鼓。

姐姐确实比我乐观许多，尽管估分不高，却时常对我说，这一年，我们努力过了，而且倾尽全力，所以，不管最后结果怎样，一定要开开心心地接受。每次听到这话，我都感觉很安慰。

也许命运真的不忍让我们分开，高考分数的查询结果让我们都吃了一惊——我们的总分竟然相同！尽管我之前设想过许多种结局，这却是我无论如何也想不到的，我哭了，说不清是开心还是难过。

说实话，这个成绩比我预计的最差的结果还要差很多，可是我却释然了，这就是我们的命运，上天注定我们永不分离。填报志愿时，我俩填写了两张一模一样的志愿表。

接到通知书的那天，妈妈激动得哭了——中南大学建筑系，一模一样的两张通知书，同一个学校、同一个专业，连我们都觉得不可思议。

如今，我们又重新拾起了搁置多年的画笔，在光与影、亮与暗中搭建属于我们的梦想殿堂。

同样的皮肤，同样的血液，同样的头发，同样的双眸，同样的我们拥有同样的梦想。在追逐梦想的路上，我们相互扶持，合二为一。我们不是神奇，而是传奇。

梦想的翅膀是认真的脸庞，理想的羽翼是坚持的脚步。奇迹，就在认真与坚持中诞生。

倾诉时间：2013 年 7 月 29 日

倾诉人物：祁骥

倾诉方式：来稿

祁骥是天津外国语大学附属外国语学校高三学生、天外校园电视台台长。他热爱传媒，喜欢主持。一部微电影让祁骥一举成名，也让他更加坚定了自己的传媒梦想。

梦想的翅膀是认真的脸庞，理想的羽翼是坚持的脚步，祁骥是奇迹，祁骥来了。

Chapter 38
见证奇迹

“接下来就是见证奇迹的时刻。”我一直把这句话当成是刘谦为我准备的，我喜欢这句话带给别人的期待，也享受它给自己带来的自信。这句话成为我在校园电视台主持节目时的一句常用语，大家也因此认识了我这个幽默的主持人——祁骥。

我是在初二那年进入校园电视台的。那时的我还年轻幼稚，对于校园电视只是单纯的喜好。但是随着年龄和经历的增长，我把儿时想当主持人的梦想拓宽到传媒这个行业，电视带给我的激动不再仅仅局限于主持人这个角色，而是协调运转电视台各部门间的工作。初三那年，我免试直升到本校高中。尽管在被保送之前还面临着中考的压力，但我对电视台的主持工作没有丝毫懈怠。每一期节目都凝结着我的心血，每一次写主持词都采用观众喜闻乐见的形式来配合我幽默的主持风格。

说起来，当主持人最容易被人批评，因为你是台前抛头露面的那个人。不过当个整天被人评头论足的主持人，跟当台长比起来，真的是“小巫见大巫”了。高二那年，我很荣幸地被管理艺术团的老师“提拔”

为天外校园电视台台长。老师既然信任我，我就要拿出百倍的精力投入到电视台运转的工作上。可是，高二是关键的一年，我又一次站到了梦想与现实的选择上。传媒是梦想，而分数是现实。虽然我的成绩在年级不算靠后，但付出如此多的精力总要耽误学习的。好在父母比较支持我，他们认为比起分数来，能力的培养更重要。最后，我选择了在困难中咬牙坚持，既不放松学习，也不放弃电视台工作。

新官上任三把火。我拟定了严格的电视台规章制度。规章制度既合理地杜绝台员的松懈，又营造出众多学生参与的氛围；既给初中新成员锻炼的机会，又发挥了高中老成员的优势。校园电视台的常规节目是每周一中午在全校范围内播出的《新闻星期一》，每一期节目只有7分钟，但是这短短的7分钟凝聚了《新闻星期一》剧组成员的全部心血。《新闻星期一》主要分两个板块：新闻部分和互动部分。每期的互动部分是由《小外新发现》和《小外人物》隔周的播出组成。我也将流程在新的规章中再次强调：每周一至周四全体记者到各自负责的部门采访即时新闻，在周四放学前将写好的新闻稿上交至电视台工作室；全体摄像要按照新闻稿的时间及时到现场完成拍摄；周四放学后由排班的播音员录制新闻稿，并由新闻监制将所有的新闻素材（视频、图片和音频素材）导入工作室的电脑；周一至周四工作由互动部分导演负责，由《小外新发现》或《小外人物》的主持人完成拍摄并在周四放学后导入电脑；周五放学后由各板块责任编辑拷走相应素材并在周六、日完成制作；周一中午进行各板块节目的整合，在午间播出。一旦播出结束，所有记者又开始出动，完成他们新一轮的工作。

这些工作环环相扣，少了哪一个环节都无法继续向下推进。我不但负责整个环节的协调工作，还担任《小外新发现》的主持人，要在每周完成拍摄任务，非常繁忙。可能一个没有被拍摄的素材就能使我愁眉不展，因为活动已经结束，但影像却没有留下，光靠主持人口述，那不成节目广播了吗？为了保证节目的播出，我对新闻剧组成员的要求更加严格，可矛盾也接踵而来。我只是个学生，没有什么特殊权力，这是我当台长最为难的地方——必须掌握好一个度去平衡各种关系。也多亏了副台长和骨干成员的帮忙与配合，才使我们的工作渡过了一个又一个难关。

工作还远远不止这些，在克服了一个又一个困难后，我们在全校开展了微电影剧本创作大赛活动。大赛面向全校学生征集微电影剧本，综合评比出最好的，由校园电视台拍摄成片。微电影的制作难度比常规节目的制作难度要高上几十倍。恰巧，在我们征集过程中，学校获得了纽约电影学院举办世界中学生微电影大赛的消息，我们准备用此次拍摄的片子参加比赛。可是，大赛要求参评的初赛作品要在半个月内交片，这简直是给我们出了天大的难题。我们立即在上交的众多作品中进行筛选，选出了优秀剧本《双生花》。我和另外一位同学连夜撰写脚本，同时，我把各部门的工作安排制成表格，连同拓印出的脚本一起发给剧组成员。我还和几位同学一起去谈外景，我们需要一家麦当劳和一个破旧的小平房作为外景。第一家麦当劳拒绝了我们的要求，我们决定去下一家碰碰运气，结果，这家麦当劳的经理非常通情达理，不但答应了我们的要求，还在约定的拍摄时间为我们清场。学校后面有大片平房区，热心的姚女士为我们提供了一间小屋，她还在屋中为我们放置了基本的道具。微电影大部分取景都在学校，我们需要协调场地及使用时间，之后，我马不停蹄地去找演员。

“单丝不成线，孤木不成林。”剧组是个团队，只有各个工种完美地配合才能在最短时间内完成任务。为了追求高画质，几位同学拿来了单反相机和三脚架。微电影拍摄期间，最大的困难就是协调各方时间。我们的演员有初中生、高中生，还有各位老师，而初、高中休息时间不同，老师与同学的作息时间也不同，需要我们不停地调整。比如，我们拍摄的最后一周必须要占用上课时间，身为导演的我亲自去协调各位演员及职员的课程安排。“五一”期间，剧组全体成员牺牲了假期进行拍摄。炎炎烈日下，我和副导演亲自进行现场的场面调度。

戏“杀青”的时候，只有我和几位同学一同见证了当时的场面。之后我们要用最快的速度进行后期的素材剪辑。这时，除了视频编辑，其他部门就没什么事了。我和编辑盯在机器旁，不停交换意见。可能因为一个字幕问题，我们就会吵上一架，但又必须在最短的时间内恢复心情并做出妥协……

离交片的时间只剩下五天了，制作还远远没有完成，我们一放学就扎在机器旁，一直干到半夜才离开学校。那时，恰逢期中考试临近，老师看出了我的疲惫，叮嘱我说：“高二了，一些课余活动要适可而止了，虽然你的成绩还算稳定，但最好要更上一层楼。”我点着头应允，只能在矛盾中过着更艰苦的“熬夜生活”。

那段时间，我基本上是不吃不喝，在外人看来，我是拍电影拍疯了。每当午夜我拖着疲惫的身躯从学校离开的时候，我就觉得我们是在用生命去完成一个神圣的梦想。我最感谢那些辛勤的编辑们，没有他们，我们的电影不可能成功。那段时间，我们真的成了一家人——为了梦想而不计付出的一家人。

工夫不负有心人。我们的微电影在全校引起了轰动。当看到点击率直线飙升的时候，我的眼泪几乎都要流出来了。最终，我们拍摄的微电影入选了美国纽约电影学院举办的微电影大赛的决赛。当得知我们可以去美国参加决赛的那一刻，我觉得上天真是太眷顾我了！这证明了我们的团队是优秀的，我们那些日日夜夜的辛苦没有白费！

2013 年 7 月 14 日，我和副导演来到美国进行为期一周的学习与拍摄。美国学访的经历真的是让我一辈子都忘不掉。在纽约电影学院的安排下，我们有幸进入到好莱坞环球影城拍摄片场进行决赛影片的录制。虽然学习时间很短，但是这次经历真的给我的传媒梦想添上了浓墨重彩。最终，由我导演的决赛参赛片《Real & True》获得了最佳剪辑奖。

不知不觉，我在校园电视台台长的位置上已经干了一年。暑假后我要上高三了，面临更加繁重的课业负担，我不得不暂时淡出这个舞台，开始专攻文化课。

一年来的成绩是我为梦想付出努力的见证。我挺享受这个过程，虽然比别人要付出更多，但收获和快乐也更多。

无论何时，无论在哪儿，我都是祁骥——“接下来就是见证奇迹的时刻”。